나는 아이들이
행복했으면 좋겠습니다

어떻게 하면 내 아이를
행복하게 사랑으로
잘 키울 수 있을까?

나는 아이들이 행복했으면 좋겠습니다

김영애 지음

매일경제신문사

프롤로그

나는 어려서부터 아이들을 무척이나 좋아했다. 그저 아이들이 좋아서 아이들과 함께 생활하고 놀다 보니 아이들을 더 이해하게 되고 특별한 애정을 가지고 돌보게 되었다. 나는 아이들과 함께 있을 때가 가장 행복했다.

나는 아이들이 어깨에 무거운 가방을 메고 힘겨워하는 것을 볼 때마다 입시에 연연하지 않는 핀란드나 독일 같이 되었으면 좋겠다고 생각했다. 아이들이 마음껏 자기의 끼와 창의력을 발휘하면서 토론하고 연구하고 탐험하는 그런 꿈과 희망이 가득한 창의적인 희망학교가 되었으면 좋겠다는 생각을 가지게 되었다. 지금은 현실적으로 불가능하게 보일지 몰라도 결국, 우리 교육이 가야 할 바람직한 방향이 아닐까 감히 생각해본다.

아이들의 미래 직업은 다양하게 변화될 것이다. 이제는 좋아하는 일을 마음껏 하면서도 창의적인 아이디어 하나만으로도 돈을 벌 수 있는 시대다. 우리 아이들이 국제화 시대에 맞는 교육을 통해 대한민국을 빛내는 주인공이 되기를 바란다. 아이들이 놀이터에서, 학교 운동장에서도 마음껏 뛰어놀았으면 좋겠다. 아이들이 행복한 세상이 되었으면 하고 바라고 내 아이처럼, 내 손자, 내 손녀처럼 아이를 돌보다 보면, 나도 행복하고 아이도 행복하다.

'오늘은 우리 아이에게 무엇을 해줄까?', '어떻게 해야 아이가 좋아할까?', '무얼 맛있는 것을 만들어줄까?' 그렇게 고민하다 조리사 자격증을 따게 되었고, '아이들이 행복했으면 좋겠다'라는 생각을 늘 하면서 살다 보니 《나는 아이들이 행복했으면 좋겠습니다》라는 제목의 책을 쓰게 되었다. 이 책은 정말 아이들이 행복했으면 좋겠다는 바람을 담아 썼다. 나는 육아하면서 힘들어하는 아이 엄마를 비롯한 모든 양육자가 어떠한 상황에서도 아이 행복만 생각하면 좋은 해결의 답을 찾을 수 있으리라 생각한다.

육아하는 아이 엄마의 마음이 중요하다. 먼저 아이 엄마가 행복해야 아이도 행복하다는 것을 기억하면서 아이 엄마의 자존감을 돌아보고, 아이와 아이 엄마 모두가 함께 성장하며, 행복한 육아를 하는 데 도움이 되었으면 하는 바람이다.

나는 막연히 '성공하게 되면 책을 쓰면 좋겠다'라고 생각하고 있었다. 그런데 우연히 '한책협'을 만나 '성공해서 책을 쓰는 것이 아니라 책을 써야 성공한다'라는 김태광 대표님의 말씀을 듣고 우리 부부는 책을 쓰게 되었다. 우리 부부에게 작가의 꿈을 이루게 해주신 '한책협' 김태광 대표님, '위닝북스' 권동희 대표님께 감사드린다. 늘 변함없이 지지해주고 응원해주신 든든한 나의 동역자(同役者) 사랑하는 남편 노진섭 작가님, 사랑하는 아들에게 감사를 드린다. 이 책이 나오기까지 애써주신 매일경제 출판사 관계자 여러분과 모든 분께 감사를 드린다.

- 김영애

차
례

프롤로그 …… 5

1장
나는 행복한 베이비시터가 되기로 했다

나는 행복한 베이비시터가 되기로 했다 …… 12
나는 아이들을 위해 살기로 했다 …… 19
나는 아이들을 위해 조리사 자격증 시험에 합격했다 …… 25
나는 아이를 정성으로 돌보는 베이비시터다 …… 31
현명한 베이비시터는 아이 엄마보다 아이를 더 잘 안다 …… 38
불안정한 엄마, 불안정한 아이 …… 45
예민한 아이 잠재우기 …… 52

2장
행복한 아이는 칭찬을 먹고 자란다

행복한 아이는 칭찬을 먹고 자란다 …… 60
소심한 아이에게는 칭찬이 특효약이다 …… 65
칭찬은 긍정적인 아이로 만든다 …… 71
칭찬은 적극적인 아이로 만든다 …… 76
칭찬은 아이를 춤추게 한다 …… 82
칭찬은 아이의 교우 관계를 좋게 한다 …… 88
칭찬은 아이의 기를 살려준다 …… 93

3장
엄마가 행복해야 아이도 행복하다

엄마가 행복해야 아이도 행복하다 …… 100
아빠가 행복해야 아이도 행복하다 …… 106
가족이 행복해야 아이도 행복하다 …… 111
양육자가 행복해야 아이도 행복하다 …… 117
선생님이 행복해야 아이도 행복하다 …… 124
유치원이 행복해야 아이도 행복하다 …… 130
학교가 행복해야 아이도 행복하다 …… 136

4장
아이의 생각을 인정해주어라

아이의 생각을 인정해주어라 …… 144
아이에게 결정권을 주어라 …… 150
아이를 많이 안아주어라 …… 156
아이를 많이 위로해주어라 …… 162
아이를 많이 사랑해주어라 …… 168
아이의 눈높이에서 바라보라 …… 174
아이와 함께 놀아주어라 …… 180

5장
아이의 자존감을 높여주어라

아이의 자존감을 높여주어라 …… 188
나는 오직 아이의 행복에 목숨을 건다 …… 194
아이에게 꿈이라는 씨앗을 심어주어라 …… 200
아이에게 희망의 씨앗을 심어주어라 …… 208
아이에게 믿음을 심어주어라 …… 215
아이에게 긍정적인 생각을 심어주어라 …… 221
아이에게 독립심을 심어주어라 …… 228

1장

나는 행복한 베이비시터가 되기로 했다

나는 행복한 베이비시터가 되기로 했다

어느덧 내 나이 쉰이 훨씬 넘었다. 그동안 나름대로 열심히 산다고 살았는데, 뒤를 돌아보니 아무것도 해놓은 것이 없었다. 남들이 다 하는 노후 대책도, 내 집 마련도, 그 흔한 보험 하나 변변히 들어놓은 것이 없었다. 앞으로 살아갈 생각을 하면 막막하기만 했다.

나는 '이렇게 살아서는 안 되겠다' 싶어 여기저기 일할 곳을 찾았다. 하지만 아무런 경험도 없고, 기술도 없으며, 전문 자격증도 없는 나이 많은 아줌마가 직장을 구한다는 것은 쉬운 일이 아니었다. 여기저기 이력서를 내봤지만, 할 수 있는 일을 찾기가 쉽지 않았다.

15년 전, 우리는 서울에서 교회를 개척했다. 물질적으로나 정신적으로 어려운 시기였다. 어려운 형편에 병든 시어머니를 모시게 되었다. 시어머니는 신장이 안 좋아 만성 신부전, 당뇨병, 치매라는 병을 앓고 계셨다. 매일 하루 3끼 식사와 하루 3번씩 신장투석을 해야 했다.

신장투석은 하루 3번씩, 1번 할 때 보통 1시간에서 1시간 30분이 걸렸다. 하루 3번이면 3~4시간이 걸렸다. 거기에다 대소변 수발을 들어야 했다. 수시로 목욕도 시켜드려야 했다. 지금은 요양병원에 시설도 잘되어 있고 보험제도도 잘되어 있지만, 그때만 해도 그렇지 못했다. 요즘 신장투석 환자는 병원에서 혈액투석을 많이 하지만, 그 당시는 혈액투석은 보험적용이 안 되었기에 비용이 워낙 비싸서 꿈도 못 꾸었다. 그래서 집에서 신장투석을 해야 했다. 게다가 일반 요양병원에서는 만성 신부전증 환자를 잘 받아주지 않았기 때문에 가정에서 시어머니를 모실 수밖에 없었다. 3년간 지극정성으로 시어머니를 모셨다.

시어머니는 한 달에도 몇 번씩 병원에 실려갔다. 나의 몸과 마음도 지쳐갔다. 그렇게 나는 3년간 열심히 병간호했지만, 안타깝게도 시어머니는 빚만 남기고 돌아가셨다. 시어머니 장례식을 마치고 한 달이 지난 어느 날, 나는 몸이 좋지 않아 병원에 가서 검사를 했다. 검사 결과, 갑상샘암과 자궁 근종이라는 진단이 나왔다. 계속 불행이 겹치면서 나는 마음도, 몸도 힘들었다.

의사 선생님은 수술하라고 하셨다. 나는 하기 싫었지만 하는 수 없이 연거푸 2번의 큰 수술을 해야 했다. 전신마취에서 깨어난 지 얼마 되지 않아 몸이 완전히 회복되지 않은 상태에서 2차 수술을 해야 했다. 그러다 보니 몸이 극도로 쇠약해졌다. 몸무게가 11kg이나 빠졌다. 기력이 없어서 걸을 수조차 없었다. 매일 누워서 지냈다. 병원비가 걱정이었다.

퇴원해서도 계속 집에 누워서 지냈다. 모든 몸의 기능이 떨어지고 균형이 깨어지면서 몸이 정상으로 돌아오지 않았다. 갑상샘 호르몬 이상과 자궁 척출로 인해 여성호르몬의 변화가 급격히 왔다. 이상 증상이 나타나 몸이 심하게 나빠졌다. 불면증에 우울증, 위염, 무릎 관절 등 종합적으로 몸이 좋지 않았다. 아프지 않은 곳이 없었다. 손가락 하나 까딱하기가 힘이 들어 아무 것도 할 수가 없었다. 밥도 제대로 해 먹을 수가 없을 지경이었다. 겨우겨우 기어서 밥을 한 숟가락 먹고는 또 누워 있었다. 남편은 시어머니 병원비로 진 빚이 많아 그 빚을 갚느라 밤낮으로 정신이 없었다.

그래서 정말 어렵게 개척한 교회를 접고, 서울에서 친정과 가까운 김해로 이사를 왔다. 친정 어머니와 언니가 정성껏 돌봐주었다. 워낙 몸이 안 좋은 상태인지라 완전히 회복하기까지는 10년이라는 시간이 걸렸다. 40대에 대수술을 2번씩이나 받고 10

년 가까이 투병 생활을 하다 보니 40대가 내 인생에서 사라져버리고 바로 50대가 되었다. 거울에 비친 내 모습을 보고 깜짝 놀랐다. 내가 아닌 다른 사람이 있었다.

그날부터 나는 '이렇게 살아서는 안 되겠다'라고 생각했다. 하지만 몸이 예전 같지 않았다. 당시 나는 체력이 굉장히 약해져 무거운 것을 들지도 못하고, 힘든 일을 하지 못했다. 잘 걷지도 못했다. 이런 몸으로는 어떤 일도 할 수 없었다. 체력을 키워야 했다. 매일 운동을 하고 다시 일어나야 한다는 마음을 먹었다. 걷기 운동을 하면서부터 근력도 조금씩 생기고 점점 건강이 좋아졌다.

나는 '내가 감당할 일이라면 감당하자, 피하지 못할 일이라면 정면 돌파하자'라고 생각하며, 나에게 일어난 모든 상황을 받아들이고 이겨내기로 결단했다. 모든 것에서 긍정적인 생각을 했다.
"나는 행복하다", "나는 건강하다", "나는 부유하다"라고 나는 매일 외쳤다. 그렇게 나는 나를 둘러싸고 있는 모든 장벽에서 벗어날 수 있었다. 신기하게도 그동안 나를 읽매어왔던 모든 사슬로부터 해방된 기분이 들었다. 기나긴 10년이라는 세월을 병마와 싸우다 겨우 벗어날 수 있었다.

이때부터 나는 나를 비우는 작업을 했다. 나에게 주어진 모든 것을 받아들이고 인정했다. 다시 일어서기 위해 부단히 노력했다. '피할 수 없다면 즐기자. 아니, 행복해지자. 무엇을 하든 행복한 마음으로 즐기면서 하자' 이렇게 의식이 변화되었다. 이후 모든 일을 긍정적으로 생각하며 즐겁게 생활할 수 있게 되었다.

그때 읽었던 책이 닉 부이치치(Nick Vujicic)의 《허그》다. '닉 부이치치의 꿈과 희망'이라는 이야기를 읽고 큰 감명을 받았다. 그는 팔다리도 없는 장애를 가지고 태어났지만, 정상인도 할 수 없는 일을 했다. 그는 스케이트보드를 타고, 서핑을 하며, 드럼을 연주하고, 골프를 하며, 수영도 하고, 컴퓨터까지 한다. 그는 전 세계를 다니며 강연하고 많은 사람에게 희망의 메시지를 전했다. 나도 닉 부이치치처럼 많은 사람에게 희망을 주고, 선한 영향력을 끼치는 그런 사람이 되기를 소망하게 되었다. 그래서 먼저 나부터 행복한 사람이 되기로 했다.

나는 평생 남을 위해 헌신하고 봉사하며 살았다. 나는 내 인생의 주인공이 아니었다. 내 인생을 오로지 남을 위해서 살았다. 하지만 어차피 한 번 왔다 가는 인생, 나도 내 인생의 주인공으로 멋있게 한번 살아보리라 생각했다. 나는 나도 행복하고, 남도 행복하게 해주는 인생의 희극배우가 되자고 결심했다. 이 나라의 미래이고 꽃인 우리 아이들에게 행복을 주는 사람이 되고자 결심했다. 그렇게 나는 행복한 베이비시터가 되기로 했다.

지난 시절을 뒤돌아보니 나는 어린 시절부터 어린아이들을 좋아했다. 왜 그렇게 아이들이 좋은지 모르겠지만, 하여튼 나는 아이들을 굉장히 좋아했다. 조카 일곱 명도 내 손으로 키워 냈다. 그때부터 나는 내가 좋아하는 아이들을 위해서 일하기로 했다. 어린 시절에는 온 동네 꼬마 아이들을 내가 다 봐주다시피 한 기억이 난다. 당시 나는 체격이 작았다. 일곱 살쯤 되는 나이에, 덩치도 콩알만 한 것이 아이를 업고 다녔던 기억이 난다. 지금 생각하면 어디서 그런 힘이 났는지 참 이해가 안 갈 정도다. 옆집에 사시는 아주머니께서는 "아이가 아이를 업고 있네"라고 말씀하셨다.

흔히 자신이 좋아하는 일을 하면 힘든 줄도 모른다고 하지 않던가? 아마 나도 그랬던 것 같다. 그래서 나는 내가 좋아하는 일을 하기로 했다. 내가 좋아하는 아이들을 위해 베이비시터 일을 하기로 한 것이다. 나는 아이를 돌보는 일에는 자신이 있었다. 나는 아이들을 진심으로 사랑하기 때문에 아이를 보는 것이 힘든 줄을 몰랐다. 내 친구 은자는 일은 해도 아이는 못 본다고 했다. 나는 그 말에 1초도 망설임 없이 "난 아이를 볼 거야"라고 답했다. 그만큼 아이들이 좋았다.

나는 귀한 아이들을 키우기 위해서, 아이들과 아이 엄마와 소통하는 법을 알기 위해 수많은 책을 읽고, 베이비시터 자격증을 따기 위해 공부를 시작했다. 처음에는 컴퓨터를 원활하게 사용하지 못해 어려움이 있었으나 열심히 공부해서 시험에 합격했다.

그러던 어느 날, 내가 아이를 좋아하고 아이를 잘 돌본다는 것을 알고 있던 지인분에게서 연락이 왔다. 자신이 아는 분이 쌍둥이를 돌보는 사람을 구하니 빨리 와주었으면 좋겠다고 했다. 나는 그길로 바로 지우, 은우네 집으로 갔다. 현관에 들어서는데 은우라는 아이가 잠투정을 심하게 하고 있었다. 나는 잽싸게 달려가서 아이를 안고 부드럽게 자장가를 부르며 토닥토닥 다독여주었다. 그러자 아이가 편안하게 잠들었다. 그 모습을 본 아이 엄마와 할머니가 "이모, 합격입니다. 우리 지우를 한 번에 재운 분은 이모가 처음입니다"라고 했다. 그렇게 나는 은우, 지우네에서 베이비시터 일을 하게 되었다.

나는 아이들을 보면서 신이 인간을 천재로 태어나게 했다는 생각을 했다. 아이들은 가르쳐주지 않아도 스스로 깨닫는다. 아이들의 영롱한 눈빛에는 맑은 영혼이 담겨 있다. 나는 아이들을 위해서 아이들과 함께 행복하게 살 것이다. 이 세상에서 가장 예쁜 꽃이 있다면 나는 아이라고 생각한다. 나는 아이들을 사랑하는 행복한 베이비시터가 되기로 했다.

나는 아이들을 위해
살기로 했다

모든 사람에게 친절하고 많은 사람을 좋아하고 특별한 몇몇 사람을 사랑하고 내가 사랑하는 이들에게 필요한 존재가 되는 것, 이것은 분명히 행복에서 가장 가까이 다가가는 길이다.

– 메리 스튜어트(Mary Stuart)

나는 아이들을 좋아한다. "왜 좋아하느냐?"라고 묻는다면 이유가 없다. 그냥 좋다. 아이들을 보기만 해도 좋다. 나는 아이들의 웃음소리가 좋다. 아이들이 조잘조잘대는 소리도 좋다. 아이들은 종종 말을 안 듣거나, 떼를 쓰거나, 말썽을 부리거나 때로는 성가시게 할 때도 있지만 그래도 나는 아이들이 싫지 않았다. 나는 아이들을 만나면 잘 안아주는 편이다. 나는 아이들을 위해 노래를 잘 부른다. 아이들과 눈을 맞추고 잘 놀아준다. 아이들의 요구에 즉각 반응을 해준다.

 나는 아이의 양육자로서 아이들을 잘 키우고 싶다. 믿을지 모르겠지만, 어느 때는 아이 엄마보다 더 간절히 아이를 사랑할 때도 있다. 때로는 '내 아이도 아닌데 왜 내가 이렇게까지 하나?' 할 정도로 아이에게 사랑과 애정을 쏟아붓는다. 나도 내 아이를 키워봤기에 아이를 잘 키우고 싶은 부모님의 마음을 잘 안다. 그래서 내가 돌보는 아이들을 남의 아이라고 생각하지 않는다. '내가 돌보는 아이는 내 아이다', '내가 돌보는 아이의 엄마는 내 동생이다', '이 아이 엄마는 내 딸이다', '이 집은 내 집이다' 생각하고 매사에 성실히 임했다. 아이들은 자기를 진심으로 대하는지, 아닌지 너무나 정확히 알고 있다. 진심이 통할 때, 아이는 마음을 열어 믿고 따르게 된다.

 나는 자주 아이와 눈을 마주 보며 대화한다. 아이의 목소리에 귀를 기울인다. 아이의 마음을 헤아려본다. 나는 아이를 너무나 사랑한다. 그렇다고 나는 아이의 엄마는 아니다. 아무리 아이를 사랑한다고 해도 내가 엄마가 될 수는 없다. 다만, 나에게 맡겨준 아이에게 마음과 정성을 다해 양육하는 양육자다. 나는 아이와 늘 떨어져 지내야 하는 아이 엄마를 위해 많은 것을 배려하고 신경 쓴다.

아이들을 양육하다 보니 나는 아이들의 먹거리에 신경이 많이 쓰였다. 어린아이를 둔 부모라면 자신의 자녀들에게 당연히 좋은 먹거리를 먹이고 싶을 것이다. 나 역시 아이를 양육하는 양육자로서 아이의 건강을 생각한 영양소가 골고루 들어 있는 건강하고 맛있는 음식을 먹이고 싶은 마음이 간절했다. 그래서 나는 아이들을 위해 한식 조리사 자격증을 따기로 마음을 먹었다.

아이와 온종일 생활하다 보면, 짜임새 없이 하루를 지낼 때가 많다. 그래서 나름대로 아이와 함께 놀 수 있는 프로그램을 생각해 시간표를 만들어놓고, 아이와 함께 놀이도 하고 책도 본다. 그러다 보면 아이가 무엇을 좋아하는지, 또 무엇을 잘하는지 알 수 있다. 계획대로 잘되지 않지만 그래도 어느 정도 계획을 짜 놓고 생활하면, 훨씬 효과적으로 놀이를 할 수도 있고 효과가 좋다. 놀이를 통해 아이는 자신의 기량을 마음껏 발휘하기도 하고, 생각지도 못한 능력을 보여 깜짝 놀라기도 한다.

양육자와 아이는 놀이를 통해 서로 간의 애정 어린 상호작용이 이루어진다. 아이는 놀이를 통해 심리적으로 안정감과 편안함을 얻는다. 책을 읽어주면 아이는 스르르 잠이 들기도 한다. 또 어떤 날은 인형 놀이를 하다가 인형을 안고 자기도 한다. 아이와 놀이를 하다 보면 아이는 양보하는 것도 배우고, 사회성을 배우기도 한다. 아이는 어떤 때는 자기가 제일 아끼는 인형을 나에게 주기도 한다. 가장 좋아하는 치즈를 주는 날도 있다. 그럴 때는 굉장히 감동하게 된다.

만 세 살까지의 아이들은 양육자와 소통이 잘되어야 한다. 양육자와 아이의 안정적인 애착은 정서적으로 안정되고, 사회성이 높은 아이로 자랄 수 있게 한다. 양육자는 이 시기의 아이에게 놀이를 통해 충분한 사랑과 관심을 보여주어야 한다. 아이와 함께하는 소중한 시간만큼은 절대로 놓치지 않았으면 좋겠다. 그 시간은 양육자와 아이에게 다시 돌아오지 않는 너무나 소중한 시간이 될 것이기 때문이다.

직장 생활하는 엄마들은 많은 시간을 아이와 함께 놀아주지 못한다. 아이와 함께 놀아주지 못하는 미안한 마음 때문에 장난감이나 인형 등 아이가 원하는 것은 무엇이든지 다 사주고 보상받기를 원한다. 아이에게 무엇이나 다 해주고 싶은 마음일 것이다. 하지만 그렇게 하면 아이에게 좋지 않은 영향을 줄 수 있다.

'한책협'의 권 대표님은 아이가 세 명이다. 권 대표님은 회사 대표이자 코치, 강연가, 사업가, 그리고 크루즈 여행가로서 무척 바쁘시다. 그런 와중에도 아이들을 위해 하루를 육아의 날로 정해놓고, 그 하루 동안 아이들과 온전히 놀아준다. 친밀한 유대관계를 유지하면서 아이들에게도 좋은 추억을 만들어주려고 노력하신다. 권 대표님이 너무나 현명하고 지혜로운 엄마라는 생각이 들었다.

어린 시절, 부모와의 아름다운 추억이 있는 아이는 자존감이 높은 아이로 성장한다. 부모와의 아름다운 추억이 있는 아이는 어떠한 어려움도 극복하는 힘이 생긴다고 한다. 부모는 아이들에게 좀 더 많은 추억을 쌓아주려고 노력해야 한다. 나는 아이 엄마들에게 주말에는 무조건 아이와 함께 놀아주라고 한다.

아이를 키우면서 아이를 통해 배우는 것이 많다. 아이를 통해 내 어린 시절이 생각났다. 나의 아버지는 내가 어린 시절 산에 나무를 하러 자주 가셨다. 아버지께서는 무거운 나무를 지게에 지고 오느라 힘드신데, 꽃을 좋아하는 막내딸을 위해서 봄에는 한 아름 진달래꽃을 꺾어오셨다. 진달래꽃을 보고 좋아하는 나를 보시고 아버지는 흐뭇해하셨다. 나의 어린 시절, 아버지께서는 말씀이 별로 없으셨다. 그런데도 아버지께서 나를 사랑하셨다는 것을 기억하고 있다. 힘들 때, 아버지와의 추억을 생각하면 마음이 따뜻해진다. 아버지를 생각하면 어떤 어려움도 극복할 수 있는 힘이 생겼다.

아이를 키우면서 힘든 일도 많았다. 몸살도 여러 번 겪고 어깨, 허리가 심하게 아픈 일도 있었다. 그래도 아이를 좋아해서 모든 어려움을 이겨낼 수 있었다. 아이를 돌보면서 아이를 통해 많은 것을 배웠다. 아이와 동화책을 보면서도 느끼는 것이 많았다. 성찬이는 특히 책을 좋아했다. 때로는 동화책을 읽다가 감동해서 울기도 했다. 아이와 울고 웃으면서 나는 아이와 같이 자라고 있었다. 나는 성찬이를 보면서 꿈을 꾸게 되었다.

내가 성찬이를 키우는 것이 아니라 성찬이가 나를 웃게 하고 행복하게 하며 나를 키워주었다. 사막처럼 마른 나의 심령에 성찬이를 보내주셔서 나는 많이 웃고 행복했다. 가끔 성찬이 엄마는 "이모, 이모가 있어서 너무 행복해요", "이모가 계셔서 마음 놓고 성찬이를 맡기고 일할 수 있어서 우리는 정말 복 받았어요" 하시면서 손 편지와 함께 약소한 선물까지 주시곤 하셨다. 이럴 때, 나는 굉장히 큰 보람을 느끼며 힘들었던 것들이 눈 녹듯 사라졌다.

나는 내가 맡은 아이에게 아낌없이 사랑을 줄 것이다. 최선을 다해서 소중한 아이가 잘 자랄 수 있도록 내 마음과 정성을 다해 사랑으로 양육할 것이다. "우리 성찬이는 이모 덕분에 잘 자랐어요." 그 한마디면 족하다. 나는 아이들을 좋아해서 아이들을 위해 살기로 했다.

나는 아이들을 위해
조리사 자격증 시험에 합격했다

나는 어린 시절 몸이 약했고, 편식이 심했다. 내가 좋아하는 음식은 몇 가지 안 되었다. 제대로 영양섭취를 못 해 자주 아팠던 기억이 난다. 오빠들은 모두 키가 큰데, 나는 제대로 먹지를 않아 키가 작다. 나는 40대에 큰 병으로 2번의 대수술을 받았다. 어릴 때의 건강이 어른이 되어서까지 영향을 미친다는 것을 깨닫게 되었다.

그 이후, 나는 어린아이 시절부터 건강한 식습관을 길러야 한다고 생각하게 되었다. 아이들이 자라면서 아이들의 이유식이며, 간식, 식사를 준비해야 했다. 그런데 아이들이 생각보다 밥을 잘 먹지 않았다. '어떻게 하면 아이들이 편식하지 않고 밥을 잘 먹을 수 있을까?' 하고 고민하게 되었다.

그때 마침, 내가 맡고 있었던 성찬이가 이유식을 먹을 나이가 되었다. 성찬이의 엄마는 "이유식을 사 먹이는 것은 건강에 안 좋을 것 같은데, 직접 만들기엔 요리 솜씨가 없어서 자신이 없다"라고 이야기했다. 그 이야기를 들은 나는, "요리사 자격증을 따려고 한다"라고 말했다. 아이 엄마가 좋아했다. 나는 아이들에게 좋은 재료로 건강한 음식을 잘 먹이고 싶은 마음에 조리사 자격증 시험에 응시했다.

아이를 돌보면서 조리사 자격증을 딴다는 것은 시간적·환경적으로 쉬운 일은 아니었다. 저렴한 비용으로 자격증 시험 공부를 하려고 하니 가까운 곳이 없어 1시간이나 버스를 타고 가야 했다. 저녁에 퇴근 후, 여성 인력센터에 갔다. 조리사 자격증을 따기 위해 공부하러 온 사람들이 많은 것을 보고 놀랐다. 학생, 주부, 취업준비생들이 많았다. 나같이 내가 양육하는 아이를 위해서 자격증을 따러 온 사람은 없었다. 조리사 자격증 시험을 위해 공부하는 사람들은 열정이 대단했다. 나도 열심히 해서 한 번에 붙자는 각오로 공부했다. 필기 시험은 한 번에 붙었다.

하지만 실기가 문제였다. 실습할 때는 제일 잘했는데, 막상 시험장에 가면 긴장을 해서인지 실수를 했다. 몇 번의 시험을 거쳐 마침내 자격증을 손에 넣었다. 몇 개월을 먼 거리를 오가느라 피곤해서 버스에서 졸기도 했다. 그래도 고생한 보람이 있었다. 아이들에게 맛있는 음식을 만들어줄 수 있다는 기대감으로 굉장히 기뻤다. 아이는 내가 해주는 것은 무엇이든지 다 잘 먹었다. 너무 잘 먹어서 아이 엄마는 "이모, 우리 찬이 살찌겠어요"라고 웃으며 말했다.

아이들을 바르고 건강하게 키우려면, 식생활을 바꾸어야 한다. 서구화된 식생활과 간편식으로 우리 아이들의 건강이 위협받고 있다. 나는 아이를 양육하는 양육자로서 될 수 있는 한 햄, 소시지, 빵, 과자 같은 음식은 안 먹이려고 애를 쓴다. 최대한 직접 만든 음식을 먹이려고 노력했다. 싱싱한 과일, 채소, 생선을 많이 먹이려고 하는 편이다. 아이들이 좋아하면서도 잘 먹는 음식을 먹이려다 보면 자연히 고기 위주의 식단이 될 수 있기 때문이다.

요즘의 젊은 엄마들은 편리한 가공식품을 인터넷으로 주문해 즉석에서 바로 전자레인지에 데워주는 경우가 많다. 하지만 어린아이 때부터 건강한 먹거리로 골고루 영양을 섭취해야 뼈도 튼튼하고 키도 크게 성장할 수 있다. 좋은 식습관은 우리 아이의 지적 능력과 인격 형성, 키 성장에도 큰 영향을 미친다. 나는 바른 먹거리로 아이들을 내 아이처럼, 내 손주처럼 건강하게 자라게 하고 싶은 마음뿐이다.

하지만 아이를 양육하다 보면 내 생각처럼 잘되지 않는다. 모든 것이 아이의 부모님이나 아이에 의해 결정되기 때문이다. 분명 아이에게 좋고, 아이에게 필요해도 아이 엄마가 아니라고 하면 아닌 것이 되기 때문이다. 아이를 생각해서 정성껏 한 것이 무시될 때가 있다. 내 진심을 몰라 줄 때도 있다. 그럴 때 갈등이 생기기도 한다. 하지만 나는 아이 엄마가 아니다. 아이 엄마가 아이를 더 사랑한다는 것을 생각하면서 마음을 다스렸다.

아이들은 자라면서 라면, 국수, 햄, 소시지, 과자, 빵 등 가공식품을 많이 먹게 되는데, 나는 아이들에게 될 수 있으면 인스턴트 식품은 잘 먹이지 않으려고 한다. 즉석에서 먹을 수 있는 간편식이 편리함을 이용해 아이들뿐만이 아니라 어른들의 건강을 위협하고 있다. 냉장고를 열어보면 냉동식품, 가공식품 세상이다.

어린 시절, 어머니는 정성스럽게 채소를 직접 키워서 음식을 손수 만들어 우리를 먹이셨다. 지금도 어린 시절 어머니가 해주시던 음식을 먹었던 추억이 생각난다. 어른이 된 지금도 어머니의 따뜻한 손길이 가슴에 살아 있다. 어머니는 손수 기르신 채소를 정성껏 조물조물 묻혀 나물 반찬을 만들어주셨다. 가난한 시절, 어머니는 우리 5남매를 키우시려고 온갖 고생을 하셨다. 자식들을 먹이려고 어쩌다 장날이면 10리를 걸어서 비싼 갈치를 사 가지고 오셨다. 학교에 갔다 오면 동네 입구에서부터 갈치 굽는 냄새가 진동했다.

그 당시에는 장작불을 때고 남은 불 위에 고기를 구웠다. 감나무 잎을 올린 석쇠 위에 갈치를 직화로 구으면 맛이 기가 막혔다. 은은한 감잎 향이 밴 잘 익은 갈치를 서로 먹으려고 오빠와 싸우다가 아버지께 야단을 들었던 기억도 생각난다.

아이의 식습관은 굉장히 중요하다. 무엇을 먹느냐에 따라, 두뇌 발달, 키 성장, 인격 형성, 식습관, 건강에 큰 영향을 미친다. 건강하고 뼈도 튼튼하며 똑똑한 두뇌를 가진 아이로 자라길 원한다면 좋은 음식을 먹여야 한다. 무엇을 먹느냐에 따라 우리 몸이 반응하기 때문이다.

하지만 영유아기 아기에게 하루 3끼 밥을 먹인다는 것은 쉽지가 않다. 내가 돌보는 아이 해리는 밥을 잘 먹지 않는다. 밥 먹이는 것이 날마다 전쟁이었다. 해리 엄마와 할머니께서는 아이를 쫓아다니면서 밥을 떠먹여주었다. 해리는 밥 먹는 것을 싫어해서 밥을 먹으라고 하면 도망갔다. 아이는 밥을 씹는 것 자체를 싫어했다. 나는 고민을 하다가 우선, 소화가 잘되는 죽을 먹였다. 해리는 식탁에 앉기 싫어했다. 그래서 먼저 식탁에 앉는 연습부터 했다. 식탁에서 해리가 좋아하는 치즈를 먹이면서 즐겁게 앉아 있을 수 있는 연습을 했다. 일주일쯤 지나면서 조금씩 나아졌다. 나는 간식을 줄이고 마음껏 놀게 한 후, 배가 고플 때 밥을 먹였다. 아이 스스로 먹고 삼킬 수 있도록 하는 것과 즐겁게 먹는 것에 중점을 두고 개선해갔다.

해리네 앞 동에 사는 민지라는 아이는 해리와 정반대로 너무 많이 먹어서 아이 엄마가 스트레스를 받았다. 그래서 민지를 해리 집으로 오게 해서 함께 밥을 같이 먹게 했다. 식사는 즐거운 것임을 알게 하는 것이 중요했다. 또래 아이를 통해 배우게 하니 효과가 있었다.

아이의 식습관은 성격 형성과 연관이 있다. 아이가 밥을 안 먹는 것에 너무 스트레스를 받지 않도록 해야 한다. 억지로 밥을 먹이려 하면 오히려 부작용이 생길 수 있다. 그러므로 인내심을 가지고 점진적으로 고쳐나가야 한다. 먼저, 일정한 시간에 밥 먹는 습관을 들이도록 하는 것이 중요하다. 그리고 밥 먹는 것은 즐겁고 행복한 것임을 느끼게 하는 것이 중요하다. 가족들이 즐겁게 함께 식사하는 모습을 보여주는 것도 좋다. 잘 안 먹는 아이의 부모나 양육자는 좀 더 세심하게 관심과 사랑을 가지고 기다려주어야 한다. 아이가 골고루 먹을 수 있도록 다양한 요리법을 연구해 아이가 잘 먹을 수 있도록 식단에 변화를 주어야 한다.

나는 아이들을 양육하다 보니 아이들의 먹거리가 많이 신경 쓰였다. 아이들에게 5대 영양소가 골고루 들어 있는 음식을 맛있게 만들어 아이들에게 주고 싶다. 그래서 우리 아이들이 건강하게 자라게 하는 것이 나의 목표다.

나는 아이를 정성으로 돌보는 베이비시터다

거울을 마주하면 당신 자신의 얼굴만 볼 수 있을 뿐이지만, 당신의 아이를 마주하면 마침내 다른 모든 이들이 어떻게 당신을 봐왔는지 알 수 있다.

– 다니엘 레빈(Daniel Levin)

요즘은 맞벌이 가정이 많아졌다. 통계청에 따르면, 지난해 열여덟 살 미만 자녀를 기르는 430만 가구 중 절반이 넘는 230만 가구가 맞벌이 부부라고 한다. 직장에 다니며 맞벌이를 할 때, 양가 부모님이나 친지들이 돌봐줄 형편이 안 되는 경우, 많은 사람들이 베이비시터를 구한다.

베이비시터가 아이를 보는 시간을 이용해 운동을 하거나 친구를 만나거나 취미생활을 즐기거나 은행이나 병원 등을 방문하는 등, 육아 스트레스를 풀면서 재충전의 기회로 삼는 아이 엄마들이 많다. 양육자가 행복해야 육아도 할 수 있다. 그래야 아이도 행복하고 가족 모두가 행복해진다. 즉, 아이 양육자가 행복해야 아이도 행복하다.

온종일 아이를 본다는 것은 생각처럼 쉬운 일이 아니다. 나처럼 아이를 좋아하는 사람도 종일 아이와 생활하다 보면 힘이 들 때가 있다. 아이들은 굉장히 예쁘고 사랑스럽지만, 긴 시간 아이와 씨름을 하다 보면 육체적·정신적으로 힘이 들기 마련이다.

처음 베이비시터 일을 했을 때, 3개월 된 남자아이가 잠투정을 심하게 했다. 안고 재우거나 업어서 재워야 했다. 누워서 재우면 금방 일어나기 때문이었다. 그러다 보니 어깨에 무리가 와서 한동안 고생한 일도 있다. 아이를 보는 일은 체력전이다. 잠 안 자는 아이, 울고 떼쓰는 아이, 고집부리는 아이, 칭얼대는 아이의 요구에 맞춰주다 보면, 에너지가 고갈되어 나도 모르게 피곤이 몰려온다. 때로는 인간의 한계를 느낄 때도 있다. 그럴 때는 차라리 밖으로 나가는 것이 좋다. 아이와 새로운 놀이를 하거나, 아니면 키즈 카페에서 실컷 놀다 오기도 한다. 아이에게 새로운 공기를 불어 넣어주는 것도 좋다.

베이비시터 일을 시작한 지 7년이 되었다. 그동안 많은 아이와 아이 가족을 만났다. 내가 만난 분들은 다 좋은 분들이었기에 큰 어려움 없이 이 일을 할 수 있었다. 그 당시 내가 돌보던 그 아이들은 몰라보게 자랐다. 가끔 내가 돌보던 아이가 사는 동네를 지날 때가 있다. 그러다 우연히 성찬이 엄마를 만났다. "이모 덕분에 우리 성찬이가 너무 잘 자랐어요. 이제 유치원에 들어가요." 하며 감사 인사를 했다. 오히려 내가 감사했다. 나는 성찬이로 인해서 너무 행복했다. 아이 때문에 나를 발견하게 되었다. 또한, 저런 좋은 분을 만날 수 있게 되어 감사했다.

나는 어떤 일이 있어도 아이를 사랑하고 정성을 다해 아이를 볼 수 있는 사람이 베이비시터 일을 했으면 한다. 그래야 힘들어도 힘든 줄 모르고, 아이에게 최선을 다할 수 있다고 생각한다. 그리고 아이와의 상호작용도 중요하지만, 아이 엄마와의 상호작용도 중요하다. 아이를 통해 좋은 인연을 만나고, 그 관계를 지속한다는 것이 쉬운 일이 아니다. 특히, 나와의 관계에 사랑하는 아이가 있어서 예상하지 못한 일이 일어날 수도 있다.

베이비시디에게는 아이의 집이 식상이나 마찬가지다. 아이의 집을 내 집처럼 편안하게 생각하고, 아이와 아이의 가정에 애정을 가지고 아이를 양육하면서 서로에게 신뢰를 쌓아가야 한다. 베이비시터가 우리 아이를 봐줌으로써 부모는 마음 놓고 직장 일을 할 수 있고 사회생활을 할 수 있다. 서로가 서로에게 감사하는 마음으로 바라볼 수 있어야 좋은 관계를 유지할 수 있다. 그래야 이 일을 오래 즐겁게 할 수 있다.

여전히 코로나가 극성인 세상이다. 하지만 지금은 전에 비해 사람들이 코로나에 무감각해졌다. 2년 전에는 코로나에 걸리면 비상사태로 치부되었다. 당시, 내가 돌보던 아이, 아이 엄마, 나, 그리고 아이가 다니던 어린이집 선생님 가족 몇 분이 코로나에 걸렸다. 밤새도록 잠도 자지 못하고 격리되어 지내야 했다. 당시 너무나 힘든 시간을 보냈다.

아이가 아프다는 사실에 하늘이 무너지는 것처럼 괴로웠다. 내가 아픈 것은 문제가 아니었다. 아이 걱정에 얼마나 애가 타던지 어찌할 바를 몰라 발을 동동 굴렀다. 아이가 아픈 것이 다 내 잘못인 것만 같아 미안한 마음만 가득했다. 몇 날을 먹지도 못하고, 잠도 못 자고 아이를 위해 기도했다. 5일쯤 지나면서 아이도, 나도 몸이 조금씩 나아졌다. 2주간의 격리시간이 10년처럼 느껴졌다. 베이비시터를 하면서 가장 힘든 부분이 아이가 아플 때다. 아픈 아이를 둔 부모의 마음은 오죽할까?

이 일로 아픈 아이를 둔 부모님의 심정을 알 것 같았다. 온통 아픈 아이에게만 신경이 집중된다. 우선 아이가 아플 때는 아이가 잘 먹을 수 있도록 배려해야 한다. 충분히 잠을 자게 하는 것이 최우선이다. 아이가 건강해지는 것이 가장 중요하다.

육아나 교육은 아주 대단하고 거창한 것이 아니다. 아이는 엄마가 주는 우유나 밥만 먹고 자라는 것이 아니다. 아이는 사랑을 먹고 자란다. 아기들의 눈을 보면서 안아주고, 아이와 이야기하며 쓰다듬어주고, 예뻐해주며 사랑한다고 말해주어야 한다. 아이의 정서적 욕구를 만족시켜주어야 한다. 관심을 가지고 지켜보면서 잘했으면 잘했다고 말로 칭찬해주고, 사랑을 표시해주어야 아이들은 정서적으로 안정감을 가지고 잘 자랄 수 있다.

자신의 욕구가 채워지지 못했을 경우, 아이는 정서가 불안한 아이로 자랄 수 있다. 정서적으로 불안한 아이는 세상이나 타인에 대해 두려움과 불신을 가지고 대할 가능성이 크다. 양육자와의 애착 관계는 아이의 인격 형성과 대인 관계 형성에 큰 영향을 미치게 된다. 아기에게는 엄마 품이 전부다. 이 세상 그 무엇보다 아이에게는 엄마라는 존재가 제일 소중하다. 엄마가 자신을 보호해주고 언제나 함께한다는 사실만으로도 아이는 평안을 얻는다. 아이는 엄마 품에서 안정을 찾고 양육자인 엄마의 따뜻한 사랑과 관심을 받으며 건강하게 자랄 수 있다.

아이는 최초의 의사 표현을 울음으로 한다. 그런데 부모가 그

울음의 의미를 잘 분별해 대처해주면 아이는 더는 울음으로 자신의 의사를 표현하지 않는다. 먼저 양육자가 아이 울음에 귀를 기울여야 한다. 양육자가 아이에게 심하게 짜증을 내고 화를 낸다면 아이는 정서가 불안정해지고 불안해한다. 화를 내는 것은 양육자로서 좋은 태도가 아니다.

아이는 부모를 보고 배운다. 아이는 부모라는 거울을 통해서 보고 자란다. 먼저 부모가 변해야 아이가 변한다. 부모의 정서가 아이에게 그대로 영향을 미치기 때문이다. 엄마와 아이의 친밀한 상호작용은 안정적인 애착 관계를 형성한다.

아이는 양육자를 보고 배운다. 베이비시터는 부모를 대신해서 아이를 양육한다. 특히, 12개월 이하의 아기들에게 최초의 교사는 부모다. 그리고 베이비시터다. 그러니 베이비시터가 얼마나 중요한가? 아이의 미래가 달려 있다 해도 과언이 아니다.

아이는 왕처럼 모셔야 한다. 불편하지 않도록 돌봐야 한다. 모든 것을 다 알아서 완벽하게 제공해주어야 한다. 먹여주고, 입혀주고, 트림시켜주고, 목욕시켜주고, 기저귀 갈아주고, 모든 것을 다해주어야 한다. 아이가 건강하게 자랄 수 있도록 세심하게 돌봐주어야 한다. 그런 돌봄을 통해서 아이는 양육자와 애착 관계를 형성하게 된다.

나는 아이 엄마를 대신해서 좋은 양육자가 되어 아이들이 건강하게 잘 자랄 수 있도록 아이에게 최선을 다한다. 좋은 아이로 키우려는 강한 의지와 애정을 가지고 아이를 돌본다. 긍정적인 웃음, 환한 표정으로 아이와 행복하게 생활한다.

양육자의 밝은 목소리가 아이에게 좋은 영향을 미치기에 항상 긍정적인 말과 행동으로 아이에게 정성을 다해 아이를 세심하게 보살피는 베이비시터가 되고자 최선의 노력을 다한다. 나는 아이를 정성으로 돌보는 베이비시터다.

현명한 베이비시터는 아이 엄마보다 아이를 더 잘 안다

현명한 베이비시터는 아이에 관해 모든 것을 알고 있어야 한다. 아이가 무엇을 좋아하는지, 아이가 무엇을 싫어하는지, 낮잠은 언제 자는지, 아이가 왜 우는지, 아이가 하루에 변은 몇 번을 보는지, 아이의 잠버릇은 어떤지, 아이의 성격, 기질, 체질, 건강상태, 아기 피부 등 아이에 관해 세세하게 알고 있어야 한다.

첫아기를 둔 아이 엄마일 경우, 아이를 길러본 경험이 없어 아이가 울거나 갑자기 아플 때 당황하는 경우가 많다. 이럴 때 풍부한 경험과 지혜를 가진 베이비시터가 신속히 대처하면 아이 엄마는 베이비시터를 믿고 신뢰하게 된다.

돌 전후의 아기들은 신체 발달이 왕성하다. 잠깐만 한눈을 팔면,

자칫 사고로 이어질 수도 있다. 이 시기의 아이들은 안전에 각별한 신경을 써야 한다. 아이에게 위험한 요소들은 제거해주는 것이 좋다. 아이의 신체발달 상황에 맞게 아이를 돌봐주어야 한다.

밤 11시에 갑자기 전화가 와서 받았다. 해리 엄마였다. "이모, 빨리 와주세요. 우리 해리가 아파요. 계속 토하고 울어요. 어떻게 할지 모르겠어요" 하며 울먹였다. "네, 알았어요" 하고 얼른 뛰어갔다. 도착하니 해리가 토하면서 울고 있었다. 저녁에 삶은 고구마에 우유를 좀 많이 먹었다고 했다. 아이가 고구마를 먹고 체한 것 같았다. 소화제와 미지근한 보리차를 먹여 배를 따뜻하게 해주고, 아이를 진정시키면서 상황을 지켜봤다. 시간이 조금 지나자 아이가 안정되었다. 아이 엄마는 처음 겪은 일이라 무척 당황했다. 이럴 때 잘 분별해서 병원에 가야 할 만큼 위험하면, 신속히 병원으로 이동해야 한다. 아이의 상태를 지켜보면서 적절히 대처해야 한다.

이 시기의 아기들은 호기심이 많아 온 집 안을 헤집고 다닌다. 돌아서면 어질러놓기 일쑤다. 물티슈를 다 뽑아놓기도 하고, 휴지를 풀어놓기도 하며, 빨래를 흩뜨러놓기도 하고, 옷장의 옷을 다 빼놓기도 한다. 모든 것이 아기의 놀이 대상이다.

하지만 위험한 것은 "안 돼요", "아야", "호! 위험해요" 하면 눈치를 보고 멈칫한다. 만약 아기가 뜨거운 국에 손을 넣으려고 할 때 "앗! 뜨거워!", "아야 해요" 하며 피부에 닿으면 뜨겁다는 것을 가르쳐준다. 그렇게 직접 신체로 뜨겁다는 것을 경험하게 해주면, 아이가 뜨겁다는 것을 인식하고 다음에는 국에 손을 넣지 않는다.

아이들은 활동을 많이 하므로 열량이 부족하지 않도록 적당한 간식도 챙겨주어야 한다. 아이들의 손을 깨끗이 씻긴 다음, 스스로 배가 고픔을 느끼고, 자신이 직접 씹고 음식을 먹을 수 있도록 연습을 하게 한다.

아이의 근육이 빠르게 발달하기 위한 걸음마 연습을 하게 하면, 아이들은 혼자 서서 보행기를 밀고 다닌다. 장난감 상자나 걸음걸이 보조기를 이용해 걸음마 연습을 하면 좋다. 아이가 걸음마를 놀이처럼 즐기며 하게 한다.

이 시기의 아이들은 언어발달이 빠르다. 엄마, 아빠, 맘마, 물, 멍멍, 야옹 등등 간단한 말을 할 수 있으며, 카드놀이를 하면 단어를 빠르게 인지한다. 어느 날, 아이의 입에서 그동안 들었던 단어들이 한마디씩 튀어나오면 깜짝 놀라게 된다. 그 시기 아이들은 기억력도 좋아서 어디에 어떤 물건이 있는지도 기억하고 있다. "우리 꽃님이, 기저귀 가져오세요", "기저귀, 휴지통에 버리세요" 하면 말귀를 다 알아듣는다. "꽃님이, 눈 어디 있어요?", "꽃님이, 발이 어디 있을까요?", " 머리에 하트 하고 사랑해", "친구 안녕, 빠이빠이" 하면 바로 행동으로 표현해준다.

"멍멍", "야옹", "꽥꽥" 등 주로 동작을 크게 하고 의성어를 많이 사용해주는 것이 좋다. 아이들과 놀이를 할 때는 조용한 목소리로 하면 안 된다. 밝은 목소리로 동작을 크게 하면서 흥미롭게 해야 아이들이 지루해하지 않는다. 표정과 함께 온몸으로 연기해야 한다.

이 시기의 아이들은 활동량이 많다. 그러므로 균형 잡힌 식단에도 신경을 써야 한다. 12개월 아이가 밥을 잘 먹지 않았다. 아이 엄마는 아이에게 밥을 먹이기 위해 일찍부터 핸드폰을 아이에게 보여주었다. 아이가 한곳에 집중하고 있는 동안에 아이 엄마가 아이에게 밥을 떠먹여주었다. 이후, 이 아이는 핸드폰이 없으면 밥을 먹지 않는다. 아이들이 너무 일찍 핸드폰이나 미디어에 노출되면 부작용이 만만치 않다. 지금은 미디어 시대이고, 우리는 미디어를 전혀 안 볼 수 없는 시대를 살고 있다. 미디어를 통해 유익한 정보를 얻을 수 있다는 장점도 있지만, 아직 너무 어린아이를 시각적 자극이 많이 들어오는 미디어에 너무 일찍 노출시키는 것은 좋지 않다.

아이들은 표현을 못 해도 말은 알아듣는다. 아이가 이유 없이 울 때는 왜 그런지 잘 살펴봐야 한다. 하루는 13개월 된 여자아이가 밥을 안 먹어서 유심히 관찰했다. 외관상 보이지 않아도 아이가 불편하다는 생각이 들어 병원에 가서 검사했다. 그랬더니 아이 목 안에 염증이 생겼다. 입원해서 치료를 받게 했다.

뇌과학 육아법으로 유명한 구보타 가요코(久保田 カヨ子) 할머니는 "아이의 뇌는 걸음마 때까지 완성된다"라고 했다. 아기의 대뇌 신경세포는 태어났을 때 약 140억 개가 있다고 한다. 이 신경 세포들은 시냅스라는 연결 고리가 생기면 활동을 한다. 이 시냅스는 생후 1년 동안 급속히 만들어지는데, 이 시기만큼 많이 또 빨리 만들어지는 시기는 평생 없다고 한다. 그러니 이 시기의 아이들에게 뇌 활동을 활발하게 하는 걷기 운동은 굉장히 중요하다.

아기가 걸음마를 할 때 뇌의 전두엽에서는 어떻게 걸으면 좋을지를 '작업기억'으로 보존한다고 한다. 뇌에서 명령을 내리면 '걷기 시작'하는데, '걷기 시작'하면 대뇌 후뇌 피질이 활성화되고, '장기기억'을 관장하는 해마가 활동한다. 그렇기에 아이가 걸음마를 시작할 때, 양육자가 아기를 매일 부지런히 걷게 해주면, 이러한 뇌의 활동을 통해 아기의 기억력이 쑥쑥 올라간다. 아기가 매일 열심히 걸을 수 있게 해주는 것은 아기의 뇌 발달을 가장 쉽고 편안하게 도와주는 놀이라고 볼 수 있다. 아이는 놀이를 통해 정신적·신체적으로 성장하게 된다.

돌이 지나면 아이가 바깥에서 노는 시간이 많다. 아이들은 그 시기에 그네, 미끄럼틀, 시소 등이 있는 놀이터에서 또래 아이들과 어울려 노는 것을 좋아한다. 이때 양육자는 아이가 다치지 않도록 유의해야 한다. 또한, 아이들과 함께 자연을 많이 보고 자연 속에서 직접 체험하게 하는 것이 좋다.

시냇물을 건너면서 물고기도 보고 오리가 다니는 것을 직접 보여주면서 "우아, 오리다. 해리야 저기 꽥꽥 오리 있다" 하면 신기해하며 좋아서 폴짝폴짝 뛴다. 직접 풀을 만져보기도 하고, 꽃을 만지면서 자연을 배우게 한다. 모든 것이 아이에게는 신기하기만 하다. 아이는 걷고 뛰며 놀면서 많은 것을 경험하면서 학습하게 된다.

아이들이 처음으로 사회성을 배우는 곳이 가정이다. 아이들은 양육자로부터 모든 것을 보고 배운다. 그런 만큼 양육자의 위치는 아이에게 중요하다. 아이들은 양육자의 행동을 보고 모방을 하기도 한다. 현명한 양육자는 아이의 성격이나 기질, 체질, 아이에 관해서 잘 관찰해 아이의 발달 상황에 알맞은 양육을 해야 한다.

양육자는 아이의 눈높이에서 아이를 이해하려는 마음이 있어야 한다. 깊은 통찰력으로 아이를 잘 살펴 불편하지 않도록 해야 한다. 현명한 베이비시터는 아이의 마음을 먼저 살핀다. 아이가 무엇을 원하는지 알고, 아이의 요구에 적절하게 대처한다. 아이에 대한 깊은 애정과 사랑을 가지고 아이를 양육해야 한다.

인간은 교육이나 훈련을 통해 인지 능력이 달라지기 때문에 최초의 가정교사인 아이 부모나 양육자의 역할이 중요하다. 베이비시터로서 아이의 신체 발달에 맞게 양육해야 한다. 현명한 베이비시터는 아이 엄마보다도 아이를 더 잘 알고, 아이를 양육해야 한다.

불안정한 엄마, 불안정한 아이

아기는 10개월간 엄마 자궁 안에 있다가 세상이라는 곳으로 나와서 겪는 모든 것이 불안하고 두렵기만 하다. 아기 엄마도 '아기를 잘 키울 수 있을까?', '우리 아기가 건강하게 잘 자랄까?' 하는 염려와 두려움으로 가득하다. 이런 불안한 마음이 고스란히 아이에게 나타나기도 한다.

불안정한 아이, 예민한 아이는 타고나면서 예민해 불안감을 느낄 때가 많다. 예민한 아이들이 더 불안을 느낀다. 지우와 은우는 쌍둥이 형제다. 같은 부모 밑에서 태어났지만, 지우와 은우는 성격도, 성향도 완전히 다르다. 지우는 먹는 것도 잘 먹고, 잠도 잘 잔다. 그런데 은우는 지우에 비해 몸무게도 적고, 잘 안 먹는 편이다. 잠도 잘 못 자고 예민하고 불안정했다. 조그마한 소리에도 민감해 잠을 못 잔다. 아이가 기질적으로 예민하게 태어나 불안하고 민감하다고 의사 선생님이 말씀하셨다고 한다. 그래서 은우는 조그만 소리에도 예민해서 놀란다. 아이가 불안해하고 잘 놀라기도 하기에 잠시도 눈을 뗄 수가 없었다.

쌍둥이를 키우다 보니 은우가 안 자고 울면 잘 자고 있던 지우도 깨어서 울었다. 두 아이가 동시에 울면 정신이 하나도 없다. 지우 할머니가 도와주고 계시지만, 한 아이를 재워놓으면 한 아이가 울고 하기에 정신이 없다. 은우는 잠잘 때 더 예민해 꼭 안고 재워야 한다. 아니면 등에 업어야만 잠을 잔다. 겨우 잠을 재우고 나면, 지우가 일어날 시간이 되어 은우가 덩달아 깨기에 늘 잠을 푹 못 자는 편이라 더 예민하고 불안이 심한 것 같다.

그래도 나는 아이들이 예뻐서 늘 웃으면서 아이들을 돌봤다. 아이들은 내 목소리를 들으면 고개를 나에게로 돌린다. 아침에 들어가면서 "지우야, 은우야. 안녕, 잘 잤니?" 하면, 아이들이 나를 알아보고 몸짓을 하거나 웃는다.

나는 아이들의 눈을 마주 보며 대화를 한다. 그리고 아이들을 많이 안아준다. 아이들의 심리 안정을 위해 아이와의 애착 형성을 위해 노력한다. 특히 불안이 심한 아이 은우에게 더 신경을 많이 쓴다. 다행히 은우가 나를 좋아해준다. "은우야!" 하고 부르면 내 목소리를 알아듣고 웃어준다. 은우가 잠을 못 자고 심하게 잠투정을 할 때는 힘들어도, 나를 보고 좋아서 웃으면 힘든 것도 눈 녹듯이 사라진다.

아이는 아직 미숙하기에 불안하고 예민할 수 있다. 너무 오랫동안 아이가 불안해하거나 심한 증세를 보이는 것이 아니면, 이는 성장하는 과정이므로 지나치게 걱정할 필요가 없다. 다만, 아이가 정신적·신체적으로 문제가 있다면, 전문의에게 상담해 보는 것이 좋을 것이다. 불안한 아이를 이해하고, 불안의 요소가 무엇인지 파악해서 아이를 안정시키고 이해하는 것이 중요하다.

양육자의 깊은 애정과 사랑이 이 시기에 매우 큰 도움이 될 것이다. 부모님이 불안한 아이를 어떻게 해야 하는지 잘 알아야 한다. 양육자는 아이의 행동에 주의 깊게 살펴야 한다. 어떤 자극과 상황이 아이 불안증의 원인인지를 가정에서 잘 관찰하는 것이 중요하다. 이를 통해 아이의 성격에 좀 더 잘 맞는 양육을 할 수 있도록 힘써야 한다. 불안한 아이에게 애정 형성은 매우 중요하다. 자신이 주변 사람에게 사랑받고 보살핌 받고 있다는 것을 알게 해야 한다. 아이들이 자신을 이해하고, 필요한 사랑을 양육자로부터 받고 있다는 것을 아는 것은 중요하다.

11개월 된 민주는 엄마 껌딱지다. 한시도 엄마와 떨어지려고 하지 않는다. 그래서 민주 엄마는 화장실도 마음대로 못 간다. 엄마가 잠시만 안 보여도 민주는 바로 눈물을 보인다. 낯선 곳도, 낯선 사람도 두려워한다. 친척 집을 방문하면 집 안으로 들어서지 않겠다며 고집을 피운다. 겨우 집에 들어오면 엄마 치마폭만 잡고 늘어진다. 민주는 엄마를 아무 일도 못 하게 하고, 자기만 봐주길 바란다.

민주처럼 분리 불안이 심한 아이를 둔 부모님들은 아이의 상태를 잘 관찰해 그 원인을 파악해 점차 좋아지게 해야 한다. 엄마와의 단둘이 생활하는 육아에서 벗어나 또래 아이와 접할 기회를 마련해 사회성을 길러주어야 한다. 아이가 소심하고 소극적일 때 친구와 자꾸 접하다 보면 사회성을 키울 수 있다고 한다. 또래 아이들과 어울릴 기회를 주면, 낯가림을 어느 정도 해결할 수 있다. 그러다 보면 엄마에게 집착하지 않고, 아이도 엄마도 여유 있게 지낼 수 있다.

교육학에서는 낯가림의 원인을 아이가 유난히 예민한 경우, 어릴 때 많이 아파서 과도하게 보호받은 경우, 이사를 자주 해서 양육 환경이 여러 번 바뀐 경우, 부모의 손길을 제대로 못 받은 방임된 상태가 어느 정도 지속한 경우에 나타날 수 있다고 한다.

또한, 양육자가 생활이 불안하거나 정서적으로 불안정하면,

그 불안이 고스란히 아이에게 전해진다. 그만큼 아이는 양육자에게 절대적인 영향을 받고 있다. 만약 아이의 양육자에게 산후우울증이 있다면, 아이는 누구도 의지할 수 없는 상황이다. 그러면, 아이에게는 양육자도, 세상도 두려움의 대상이 된다. 아이를 심리적으로 안정시키는 것이 제일 중요하다.

양육자인 엄마가 힘없고 우울한 모습을 보이면, 이는 아이의 불안정 애착의 원인이 될 수 있다. 양육자인 엄마의 우울 정서는 아이가 그대로 배우게 된다. 분노와 우울감은 그대로 전염된다고 한다. 아이의 양육자인 엄마가 행복해야 아이도 행복하다는 것을 기억하고, 항상 밝고 긍정적인 마음으로 아이에게 사랑과 관심을 가지고 양육해야 한다.

긍정적인 사람은 남들이 웃는 모습을 보고만 있어도 즐겁다. 그래서 코미디 프로를 보고 따라 웃는다. 우리가 즐겁게 웃으면 뇌에서 도파민이라는 물질이 나온다. 많이 웃고 즐겁게 사는 사람은 얼굴 근육이 활성화되어 얼굴이 밝고 건강하다고 한다. 이런 모방 행동은 우리의 의지와 상관없이 신경 뉴런에 의한 기능이다. 옆 사람이 하품하게 되면, 같이 있던 사람도 졸리게 되는 것이다.

'부부가 함께 오래 살다 보면 닮는다'라는 말이 있다. 이는 거울 뉴런과 관련이 있다. 부모가 긍정적이고 낙천적이면, 아이도 자연스럽게 닮아가는 것이다. 부모가 낙천적이고 긍정적이며 밝게 살면, 아이들도 밝은 성격으로 자라게 된다.

이 시기에 경험한 애착 관계의 질은 아이의 성격과 대인 관계 형성에 절대적인 영향을 미친다. 양육자와 아이의 긴밀한 상호작용은 안정적인 애착 관계를 형성하는 데 기초가 된다. 그렇기에 양육자는 아이를 사랑과 관심을 가지고 돌봐주어야 한다.

아무리 육아가 힘들고 고통스럽더라도 이 중대한 시기에는 아이와 함께 즐겁게 시간을 보내기 위해 노력해야 한다. 아이와 좋은 추억도 만들고, 사랑을 가지고 아이를 이해하는 것이 중요하다. 아이는 부모에게 의지하고, 부모는 아이를 믿고 기다려주며 이해하다 보면 좋은 관계가 형성될 수 있다.

아이들은 아직 어리고 모든 것이 미숙하므로 불안정할 수밖에 없다. 아이는 자기를 지키기 위해 불안을 표현하는 것이라고 한다. 아이가 생존을 위해 자연스럽게 하는 행동임을 먼저 이해하고 받아들여야 한다. 부모가 담대한 마음으로 받아들여야 아이도 덜 불안하다. 불안은 전염성이 있다. 양육자가 불안하면 아이도 불안하다.

불안정한 아이는 낯선 환경이나 새로운 상황을 마주하면 두려워하거나 많이 위축된다. 이럴 때 아이를 가장 편안하게 할 수 있는 사람은 아이 엄마다. 불안한 아이에게는 엄마 품이 안식처다. 아이가 엄마를 믿고 신뢰할 수 있도록 아이 엄마가 따뜻한 사랑을 가지고 아이를 돌봐주고, 아이와 함께 시간을 보내야 한다. 엄마의 따뜻한 품으로 아이를 많이 안아주고 사랑한다고 말해야 한다. 불안한 아이일수록 많이 안아주고 사랑해주어야 한다.

예민한 아이 잠재우기

♫ 반짝반짝 작은 별, 아름답게 비치네. 동쪽 하늘에서도 서쪽 하늘에서도. 반짝반짝 작은 별 아름답게 비치네. 곰 세 마리가 한집에 있어. 엄마 곰, 아빠 곰, 아기 곰. 아빠 곰은 뚱뚱해, 엄마 곰은 날씬해, 아기곰은 너무 귀여워. 으쓱으쓱 잘한다. 자장자장 우리 아기 잘도 잔다. 자장자장 우리 아기 잘도 잔다. ♪

동요 100곡 부르기, 동화책 20권 읽기, 온 세상 자장가, 양 100마리, 수면 음악을 들려주어도 쉽게 잠들지 못하는 아이가 민지다. 민지는 태어나면서부터 예민했다. 잠자는 것도, 먹는 것도 예민했다. 잠투정이 심해서 보통 힘든 것이 아니었다. 잠이 오면 울고 보채고 구르고 난리다. 누워서 자지 않고 꼭 업어야 잠을 잤다. 조금 자다가 깨고 바닥에 살며시 내려놓으면 울면서 눈을 뜬다. 몇 시간을 아이를 업고 온 집 안을 다니다 겨우 잠이 들어 침대에 누이면 바로 깨버린다.

때로는 유모차에 태워서 이 동네, 저 동네 순례를 했다. 아이는 잠들려고 하다가도 놀라서 금세 일어나버린다. 예민한 아이는 바깥의 소리에 민감했다. 조그만 소리에도 놀라 눈을 뜬다. 잘 자다가도 깜짝 놀라 잠이 깬다. 늘 아이 옆에 붙어 있어야 한다. 한시도 눈을 뗄 수가 없다. 아이가 잘 때는 열 일을 다 제쳐두고 아이 옆에 붙어 있어야 한다. 아이가 자면 나도 자고, 아이가 일어나면 나도 일어나고, 아이와 항상 함께해야 했다.

이 시기의 아이는 보통 잘 먹고 잘 놀면서 잘 자란다. 그런데 잘 먹지 않고 잘 자지 않는다면, 아이는 짜증을 내고 신경이 날카롭다. 아이의 상태를 잘 살펴서 적절히 대책을 마련해주어야 한다.
예민한 아이들은 보통 자다가 밖에서 나는 작은 소리에도 깜짝 놀라서 잠이 깬다. 또 꿈을 꾸는 것처럼 잠을 자다가 울기도 하고 때로는 웃기도 한다. 아이가 자다가 눈을 떴을 때, 옆에 누가 없으면 큰 소리로 울기도 한다. 아이가 심하게 울고 놀라거나 경기를 할 때는 병원 치료를 빋는 것도 좋다.

또 이런 아이들은 친척 집에 가거나 낯선 곳에 가서 잘 때 유독 더 심해진다. 민지는 잠자리에 유독 예민하다. 낮잠도 그렇지만 저녁에 잘 안 자고, 자주 깨기 때문에 잠을 제대로 못 잔다. 그래서 낮에 아이가 자면 열 일 제쳐두고 아이와 함께 자야 한다. 아이가 불안하고 예민하기에 같이 옆에 있어야 한다. 집안일은 나중에 하고, 우선 아이가 안정을 찾을 때까지 양육자가 함께 있어주면서 신경을 써야 한다.

이렇게 예민한 아이들은 치료도 힘들고 오래 걸린다. 그래서 집에서 관리하는 것만으로는 어려운 부분이 있다. 너무 예민해 힘들 때는 병원 치료를 받아보는 것도 좋다고 생각한다. 기질적으로 예민하게 태어나는 아이도 있다. 또 후천적인 환경에 의해 예민한 아이도 있다. 그런데 선천적이든, 후천적이든 예민함이 아이의 장점이 될 수도 있다. 아마도 예술가, 음악가, 조각가, 과학자 중 많은 이들이 예민하고 까다로웠을 것이다. 그 예민함을 어떤 분은 음악으로 승화시켰을 것이고, 또 어떤 분은 과학으로 발전시켰을 것이다.

그렇기에 너그러운 마음으로 아이의 예민함을 인정하고, 아이를 바라보면 훨씬 마음이 편해진다. 예민한 아이에게도 장점이 많다. 남들은 보지 못하는 것을 예민한 눈으로 볼 수도 있다. 예민한 아이일수록 창의적인 아이로 자랄 수 있다. 민지는 종이접기나 찰흙 공작 등 손으로 하는 것은 무엇이든지 다 잘한다. 섬세한 작업도 조그만 손으로 곧잘 따라 한다. 아이 엄마가 민지를 가졌을 때 뜨개질과 종이 공예를 했다고 하는데, 민지 역시 특별히 가르치는 것이 없음에도 손놀림이 예사롭지가 않다.

물론 예민한 아이의 육아는 쉽지 않다. "우리 민지는 잠만 잘 자면 더 바랄 것이 없는데. 어찌 그리 잠을 못 잘꼬" 민지 할머니의 안타까운 탄식이다. 민지 할머니께서는 민지가 태어났을 때부터 민지를 돌봤다. "어찌나 잠을 안 자고 애를 먹이든지 여태껏 살아오면서 민지처럼 잠을 안 자는 아이는 처음이다"라고 하셨다. "오죽하면 두 손 두 발 다 들고 고향으로 내려가려고 했을까?"라고 하실 정도였다.

민지는 타고난 기질이 예민하다. 하지만 타고난 예민함도 부모의 양육 태도에 따라서 좋아질 수 있다. 예민한 아이의 부모는 대체로 지나치게 허용적인 양육 태도를 보이는 경향이 있다고 한다. 허용적인 양육 태도가 적절히 이루어지면, 아이의 자율성을 기르는 좋은 방법이 될 수도 있다. 그러나 지나치면 아이가 해도 좋은 것과 해서는 안 될 것의 한계를 모르게 되기 때문에 오히려 심리적인 불안감이 커지고 바로 이것이 예민한 행동으로 나타니는 경향이 있다고 한다. 아이를 적절히 통제하고 해서는 안 되는 것은 확실하게 선을 그어주어야 한다.

잠은 사람의 본능이며, 삶의 기본이다. 그렇기 때문에 아기 때부터 잠을 잘 자는 습관을 배워야 한다. 타고난 기질을 바꾸라는 것이 아니다. 기질을 인정하고 받아들여야 한다. 그 기질보다 더 큰 영향을 주는 것이 아이를 키우는 부모의 양육 방식이다. 아이가 잠을 잘 잘 수 있도록 도와주는 것이 부모의 역할이다. 당장은 힘이 들 것이다. 아이가 더 심하게 울고 보채며 떼를 쓸 수도 있다.

그렇지만 부모가 끝까지 인내하며 일관성 있게 밀고 나가야 한다. 아이가 너무 많이 울기 때문에 부모님이 도중에 포기하는 경우가 많다. 아이가 우는 경우, 겁을 내거나 하면 수면 교육이 어려워진다. 일정한 시간 동안 부모와 함께 꾸준하게 잠자는 습관을 들이면, 어느 순간부터 아이도 그 시간이 되면 잠을 자는 것을 받아들이게 될 것이다.

기질적으로 까다롭게 태어나는 아이는 산만한 아이로 발전할 수도 있다. 많이 움직이고 잘 울며 환경 변화에 많이 민감하고, 잘 먹지 않고 쉽게 자극받는 아이들이 보통 예민한 아이들이다. 예민한 아이는 자신감이 없는 경우가 많다. 작은 성과를 보이더라도 크게 칭찬해주어야 한다. 아무리 예민한 아이라 할지라도 엄마가 어떻게 하느냐에 따라 달라질 수 있다.

가정에서 바른 생활 습관을 길러주는 것이 중요하다. 잠자는 시간을 정해놓고 부모와 같이 잠을 자는 습관을 규칙적으로 훈련해야 한다. 아이는 부모가 하는 습관을 몸으로, 생활로 배우기 때문에 부모가 스스로 모범을 보여주어야 한다. 아이가 부모로부터 밥 먹는 것을 학습하듯이, 잠자는 것도 학습하게 해야 한다.

아이가 일찍 자기를 바라면서 부모가 늦게까지 잠을 안 자면 자연히 아이도 늦게 잠을 자게 된다. 아이가 성장하면서 공격적인 감정을 억누르고 통제하는 과정은 타고나는 선천적인 것이 아니다. 가정의 교육을 통해 후천적으로 형성되는 것이다. 잠자는 것도 훈육하고 가르쳐서 올바른 잠을 잘 수 있도록 어려서부터 수면 교육을 학습해야 한다.

아이의 먹는 습관도, 잠자는 습관도 훈련으로 바꿀 수 있다. 물론 쉬운 일은 아니다. 그러나 양육자가 일관성 있는 교육을 통해 개선하려고 노력한다면, 반드시 극복할 수 있다. 예민한 아이 중에 잠재능력이 뛰어난 아이들이 많다. 아이들은 무한한 가능성을 가지고 있다. 장점을 발견해주고, 아이가 좋아하는 것을 오랫동안 잘할 수 있도록 전문성을 길러주어야 한다. 아이의 자존감을 높여주고, 창의적인 아이로 살 수 있게 하는 것이 중요하다.

2장

행복한 아이는 칭찬을 먹고 자란다

행복한 아이는
칭찬을 먹고 자란다

　칭찬이란, 좋은 점이나 착하고 훌륭한 일을 높이 평가하는 말이다. 그럼 칭찬은 어떻게 해야 할까?

　우리는 남을 비난하는 말, 꾸짖는 말을 하는 사람보다 남을 칭찬하는 사람을 만나면 기분이 좋다. 우리는 칭찬이 좋다는 것을 알고 있다. 그런데 칭찬도 잘해야 한다. 칭찬을 잘못하면 안 한 것보다 못하다. 하지 말아야 할 칭찬에 대해 경영공학박사 김찬기 교수는 "결과에 대한 칭찬보다 과정에 대해 칭찬하라", "비교하는 칭찬은 하지 마라", "조건적인 칭찬은 하지 마라", "의도를 숨겨둔 아부성 칭찬은 좋지 않다", "부담되는 칭찬은 하지 마라"라고 말했다.

　우리는 하루에 얼마나 다른 사람을 칭찬하고 있는가? 칭찬에 너무 인색하지 않았는지 돌아보자. 오늘 나를 만나는 사람에게 아주 사소한 것이라도 칭찬하는 사람이 되자. 오늘 당장 나 자신부터 칭찬해보자. 매일 거울에 비치는 자신을 바라보며 "넌 훌륭한 사람이야!", "넌 할 수 있어!", "넌 멋진 사람이야!", "넌 정말 괜찮은 사람이야!" 등의 칭찬하는 말을 해주자. 아무도 나를 칭찬해주지 않는다. 그러니 나라도 나 자신을 칭찬해주자.

아이들은 각자 성격이나 기질을 다르게 타고난다. 쌍둥이들이라도 한 명, 한 명의 성격과 성향이 다르다. 이 세상에 똑같은 사람은 어디에도 없다. 사람마다 개성이 다르다. 그리고 누구에게나 장점이 있다. 그 장점을 칭찬해주면서 내 아이가 더 잘할 수 있도록 격려하자. 어린아이를 양육하다 보면 칭찬하는 말을 굉장히 자주 하게 된다. 밥을 먹을 때도 칭찬, 잠을 잘 때도 칭찬, 놀아도 칭찬, 칭찬을 빼면 말이 안 될 정도다. 그러나 지나친 칭찬은 오히려 역효과가 날 수도 있다. 칭찬에도 요령이 필요하다.

다섯 살 채연이는 유독 칭찬을 좋아한다. 샘도 많고, 욕심도 많은 아이다. 또한, 엄마에 대한 애착이 심해 유치원에 갈 때 엄마와 떨어지기 싫어서 매일 울고 간다. 어르고 달래며 칭찬에 밥을 말아 먹여서 겨우 보낸다. 하지만 무조건 잘한다는 칭찬을 받다 보면 칭찬을 받기 위해 지나친 욕심을 부리거나 잘못된 행위를 하거나 거짓말을 할 수 있다.

채연이의 경우, "머리 감자" 하면 "머리 감으면 무엇을 해줄 거야?"라고 묻고, "양치하자" 하면 "뭐 줄 거야?"라고 물으며 꼭 보상을 받으려 한다. 채연이가 엄마와 안 떨어지려고 해서 "유치원 갔다 오면 채연이 좋아하는 것 사줄게" 하다 보니 그때마다 꼭 보상을 받으려 한다. 아이가 단순히 칭찬을 받기 위해서만 행동한다면, 그것은 칭찬하는 사람도 칭찬을 받는 사람에게도 좋지 않다.

사람은 누구나 칭찬 듣기를 갈망한다. 칭찬을 싫어하는 사람은 별로 없을 것이다. 특히, 어린아이들은 칭찬을 먹고 자란다. 칭찬의 효과는 아무리 강조해도 모자랄 것이다. 칭찬은 불가능한 것 같은 일을 가능하게 하는 힘이 있다.

하버드대 심리학 교수였던 로버트 로젠탈(Robert Rosenthal) 교수는 칭찬의 긍정적 효과에 대해서 이야기했다. 샌프란시스코의 한 초등학교에서 전교생 지능지수검사를 한 뒤 20% 정도의 학생을 무작위로 선정해서 계속 칭찬해주었다. 그러자 8개월 뒤, 다른 아이들에 비해 그 무작위로 선정되었던 학생들의 평균 점수가 높았다고 한다. 교사의 격려가 큰 힘이 되었기 때문이다.

그만큼 칭찬의 힘은 크다. 칭찬은 고래도 춤추게 한다. 칭찬 한마디가 어떻게 이런 큰 힘을 발휘하는지 놀랍기만 하다.

어릴 때 설 명절이나 집안에 행사가 있을 때 우리 집에는 손님들이 많이 오셨다. 어린 시절 나는 키도 작고 볼품이 없어 부끄러움이 많아 손님이 오셔도 기둥 뒤에 숨어만 있었다. 그런데 친척 중 한 분이 "그래도 크면 막내딸이 제일 나을 거요!" 하셨다. 그때 자존감이 낮은 나는 그 한마디가 어찌 그리 힘이 되던지, 그 말을 마음에 새겨 담았다. 그러다가 살면서 힘들 때 '나는 제일 잘될 거야'! 하면서 용기를 내었다.

가만히 생각해보면 아이가 성장해가는 과정에서, 어릴 적에는 부모의 무한 칭찬 릴레이를 받고 자란다. 하지만 어느 정도 자라면, 부모의 기대가 높아지면서 칭찬에 인색하게 되는 경우가 많다. 사람은 남녀노소 누구나 칭찬받기를 원한다. 아이들은 자신이 인정받고, 칭찬받기 위해 노력한다. 칭찬은 자신이 인정받고 있다고 느끼는 가장 힘 있는 표현 방법이기 때문에 아이들의 심리에도 큰 영향을 미친다.

돌 전후 아이는 부모의 말이나 행동을 보고 따라 한다. 또한, 부모와 의사소통에 아주 예민하다. 부모의 표정만으로도 기분을 알아챌 수 있다고 한다. 부모의 감정은 아이에게 그대로 전달되어 아이를 기쁘게도 하고, 또 불안하게 할 수도 있다. 아이가 철없이 아무것도 모르는 것 같지만, 부모의 표정 하나만으로도 큰 영향을 받을 수 있다. 스쳐가는 부모의 표정에도 영향을 받는 아이에게 부모의 칭찬 효과는 강력하다. 그럼 아이에게 어떻게 칭찬해주면 좋을까?

"멋지게 색칠했네", "나뭇잎 색을 잘 어울리게 그렸네"와 같이 노력과 재능을 칭찬하는 말은 아이를 더욱 노력하는 사람으로 만들 수 있다. "열심히 하더니 멋지게 성공했네", "열심히 했으니 실패해도 돼", "누구나 실패할 수 있어. 어른도 실패해", "다음에 성공할 수 있을 거야"와 같이 결과보다 과정에 초점을 두고 칭찬해준다. 구체적인 칭찬은 효과가 더욱 크다. 또한, "잘했네"보다는 "색감 표현력이 좋아졌네?", "집을 이렇게 그리니 훨씬 더 멋져 보이네"처럼 결과보다 과정에 초점을 맞춰 구체적으로 칭찬해준다.

아이에게 물질적 칭찬은 될 수 있는 한 하지 않는 것이 좋다. 간식, 선물과 같은 보상은 줄이고, 말로 하는 언어적 칭찬과 눈을 맞추고 웃어주며 안아주는 칭찬이 아이에게 더 큰 힘이 된다. 아이에게 관심을 더 많이 가져야 한다. 칭찬은 아이가 행동했을 때, 바로 해야 한다. 아이가 행동하고 난 즉시, 바로 하는 칭찬은 아이에게 부모가 늘 자신을 지켜보고 있다는 신뢰감을 줄 수 있어 자존감 향상에도 좋다. 우리 아이들은 부모의 말 한마디에 큰 힘과 용기를 얻는다. 사소한 칭찬이 우리 아이를 행복하게 한다. 무한한 가능성을 가진 우리 아이들을 올바른 칭찬으로 행복하게 만들어주자. 아이는 칭찬을 먹고 자란다.

소심한 아이에게는
칭찬이 특효약이다

그래도 지금은 자유롭게 여행도 하고, 일상생활이 가능하지만, 코로나로 인해 사회의 패러다임이 많이 바뀌었음을 실감한다. 오프라인 세상에서 온라인 세상으로 옮겨진 것 같다. 코로나로 인해 직업에도 변화가 생겼다. 내가 알던 분은 10년 넘게 여행사를 했다. 그런데 코로나로 인해 폐업하게 되어 새로운 일을 시작하게 되었다. 내가 돌보던 아이 엄마도 코로나로 인해 회사 일이 없게 되어 휴직하게 되었다. 나 역시 그동안 하던 베이비시터 일을 코로나로 인해 6개월 넘게 쉬면서 재충전의 시간을 가지게 되었다. 그러던 중, 학교에서 코로나 방역 요원을 모집한다는 지인의 소개로 학교에서 방역 요원으로 일하게 되었다. 아침마다 아이들을 만나는 것이 참 좋다.

코로나로 인해 사람들이 많이 위축되고, 소심해진 것 같다는 생각이 든다. 나도 어린 시절 무척이나 소심한 아이였다. 나는 어린 시절 작은 시골 마을에 살았다. 우리 동네에는 내 또래가 없었기에 나는 늘 혼자 놀았다. 학교 갈 때도 혼자 걸어서 가고, 학교에서도 혼자 놀고, 집에 올 때도 혼자 걸어서 왔다. 나는 내성적인 성격이었기에 아이들과 친해지고 싶어도 쉽게 다가가지 못했다. 그래서 학교에서 나는 조용한 아이, 착한 아이, 말이 없는 아이로 거의 존재감이 없었고, 목소리를 내야 할 때 내지 못했다. 때로는 오해도 받았다. 바보 취급도 받고, 억울한 일도 당했다. 마음에 상처를 받았지만 항변하거나 따지지 못했다. 남의 눈치를 보게 되니 자신감이 없었다.

초등학교 시절, 내 뒤에 앉은 민준이라는 남자아이가 미술시간에 준비물을 안 가져왔다고 내가 가져온 준비물을 달라고 했다. 나는 안 된다고 해야 하는데 말을 못 했다. 그러자 그 아이가 내가 가져온 준비물을 가져갔다. 다른 아이 같으면 "선생님, 민준이가 내 준비물을 가져갔어요"라고 했을 것이다. 그런데 나는 선생님에게 말하는 것이 부끄러워서 입이 떨어지지 않아 그렇게 하지 못했다. 선생님이 준비물 검사를 하려고 몽둥이를 들고 돌아다니시다가 내 자리에 오시더니 왜 준비물을 가져오지 않았냐며 손을 내밀라고 했고, 나는 무심결에 손을 내밀었다. 선생님은 힘껏 몽둥이로 내 손을 내리쳤다. 눈물이 핑 돌았다. 나는 변명 한마디 못 하고 맞고만 있었다.

당시, 우리 앞집에 살던 아주머니는 자기가 하고 싶은 말은 남이 뭐라 하든지 상관하지 않고 다 하는 분이셨다. 자기밖에 모르는 사람이라서 내가 싫어하는 분이었는데, 가끔 나에게 칭찬의 말을 하곤 했다. 처음에는 신경도 쓰지 않았는데, 언제부턴가 그 아주머니의 말이 자꾸 생각났다. 중학생이 된 내게 "영애, 예뻐졌네"라거나 "크면 제일 잘될 거야", "뭐든지 잘할 거야" 하시면서 좋은 말을 하셨다. 그런 칭찬의 말을 계속 듣고 있던 사이, '그래, 나는 잘할 수 있어' 하면서 용기가 났다. 내가 싫어하던 아주머니가 무심코 한 말도 소심한 아이였던 나에게는 큰 힘이 되었다. 나는 그 후 칭찬은 사람에게 용기를 주는 강력한 무기라는 것을 알게 되었다.

내가 근무하는 학교에서는 급식 시간이면 아이들이 한 줄로 서서 급식 차례를 기다린다. 그럴 때 2학년의 어떤 남자아이는 가만히 줄을 서 있지 못하고, 자기 앞뒤 친구들을 발로 툭툭 치기도 하고, 손으로 때리는 시늉을 하거나 놀리면서 잠시도 가만히 있지 않고 신민하게 왔다 갔다 했다. 그것을 지켜보던 나는 그 남자아이를 만날 때마다 "키도 크고 많이 자랐네. 친구들과 잘 지내자" 하면서 볼 때마다 조금이라도 칭찬할 거리를 찾아 칭찬해주었다. "요즘엔 여자 친구들도 귀찮게 하지 않고 멋

있어졌네"라고 칭찬해주었더니 2달 정도가 지나자 아이가 조금씩 달라지기 시작했다. "그사이 키도 많이 컸네. 멋있어졌다"라고 말하자, 아이는 "감사합니다"라고 말하며 너무 좋아했다. 이제 아이는 옆의 친구들을 귀찮게 하지 않고 많이 의젓해졌다.

아이들은 어른들이 잘 살피고, 잘 이끌어주면 변한다. 관심과 사랑을 가지고 칭찬하며 인정해주면 산만한 아이도 안정적이고 침착해진다. 아이의 마음을 들여다볼 수 있는 사랑과 관심으로 손을 내밀 때, 아이는 마음을 열고 대화하게 될 것이다. 소심한 아이를 순한 아이, 착한 아이라 생각하고 혼자서 잘 논다고 신경을 쓰지 않는 경우가 많은데, 오히려 소심한 아이에게 더 신경을 써주어야 한다. 소심한 아이들은 오히려 말을 하지 않기 때문에 더 세심하게 배려해야 한다. 소심한 아이는 부모에게 할 말이 있어도 말을 잘 못 할 수도 있다. 무언가를 갖고 싶어도 자신이 이것을 사달라고 하면 부모님이 힘들까 봐 말을 못 하는 경우가 있다. 그렇게 직접 부모에게 말을 못 하고 짜증을 내거나 우울해할 수 있다.

유치원에 다니는 채연이는 소심하고 소극적인 아이다. 채연이는 자기가 갖고 싶은 것이나 원하는 것이 있으면 사달라고 하면 될 텐데, 그 말을 못 하고 바닥에 누워 있거나 책상에 엎드려 있었다. 그럴 때 "채연아, 뭐 속상한 일 있어?" 하고 물어봐도 잘 말하지 않는다. "채연아, 기분이 안 좋아? 왜 그런지 이야기 한번 해볼래? 채연이가 이야기해야 선생님이 알아" 하고 조심스럽게 물어보고, 아이의 속마음을 들여다봐야 알 수 있다. 소심하고 소극적인 아이는 아주 사소한 일에도 마음이 상할 수가 있다. 다른 아이들은 별일 아닌 것도 소심한 아이에게는 큰일처럼 느껴진다.

지인 중 영수라는 아이가 있다. 영수는 어릴 때 어머니가 돌아가시고 새어머니가 오셨다. 영수는 집에 들어가기가 싫어 바깥으로만 돌며, 공부도 안 하고 말썽만 부렸다. 영수는 소심하고 내성적인 데다 말이 없었다. 영수의 새어머니는 공부도 안 하고, 말썽만 피우며, 말도 안 듣고 시키는 것은 반대로 하는 영수 때문에 속상해하셨다. 그러다가 '그래, 네가 반대로 하니 나도 반대로 한다' 하면서 그 이후, 영수가 말을 안 들으면 "말 잘 듣는 아들아, 고맙다" 하고, 공부를 안 하면 "공부하느라 힘들지? 쉬면서 해"라고 말하기 시작했다. 또한 "고맙다"라는 말을 달고 살았다. 그러자 영수는 점점 아이들과 노는 것을 멀리하고, 공부를 하기 시작했다. 영수의 새어머니는 영수가 학교에 갔다 오면, 학교를 잘 갔다 왔다고 아이들을 집으로 불러 맛있는 것을 사주 먹여주었다. 친구들에게도 영수와 잘 놀아주어서 고맙다고 하며 영수를 칭찬했다.

그렇게 1년 넘게 영수가 잘못한 것은 한마디도 하지 않고 칭찬만 했다고 한다. 영수는 4학년이 되어도 구구단을 하나도 몰랐다. 그런데 공부를 하지 말라고 하자 영수는 오히려 공부를 하기 시작했다. 4학년 2학기 때 영수가 수학 시험을 40점을 받아왔다. 항상 0점을 받아오던 아이가 40점을 받아오자 영수 새어머니는 온 동네를 돌아다니면서 자랑을 했다. 그 후 영수는 중학교에서 전교에서 1~2등을 하게 되었다. 영수는 자라면서 많이 변했고, 이후 사법고시에 합격해서 대법원에서 일하게 되었다.

소심한 영수, 내성적이고 말이 없던 영수에게 늘 긍정적으로 "고맙다"라고 하는 새어머니의 칭찬에 영수는 힘과 용기를 얻어 열심히 공부했다. 영수를 변하게 한 것은 새어머니의 칭찬과 긍정적인 말의 힘일 것이다. 소심한 아이는 강요하거나 명령하거나 강압적으로 하면 절대로 안 된다. 강요와 강압으로 키우게 되면, 아이는 창의적으로 자라기 어렵다. 자기 스스로 주도적으로 할 수 있도록 배려해주어야 한다. 소심한 아이를 적극적인 아이로 변하게 하는 것은 칭찬이다. 말의 힘은 대단하다. 긍정적인 칭찬 한마디가 소심한 아이의 자존감을 높여준다.

칭찬은 긍정적인 아이로 만든다

　칭찬은 사람을 참 기분 좋게 만든다. 별것 아닌 것 같은 칭찬에도 우리의 기분은 좋아진다. 어른도 이처럼 기분이 좋아지는데, 우리 아이들은 두말할 필요가 없다. 아이들은 양육자의 사랑과 칭찬을 먹고 자란다고 해도 과언이 아니다.
　"우리 아기 일어났어요", "우리 아기는 자고 일어나니 더 예쁘네", "얼굴이 뽀얀 백설 공주님이시네요", "우리 아기 미소는 100만 불짜리 미소네요. 아이 이뻐", "요 눈 좀 봐봐. 누굴 닮아 이렇게 예쁠까?" 등 우리는 눈뜨기가 무섭게 하루를 아이 칭찬으로 시작한다. 어린 아기들에게는 칭찬으로 시작해서 칭찬으로 하루를 마무리한다. 하지만 아이가 점점 커갈수록 칭찬이 줄어든다.

아이들은 조금 커서 말을 하기 시작하면서 어느 순간부터 부정적인 말을 하게 된다. 아이는 "싫어. 싫어"를 익히고 난 후, "안 해", "하기 싫어"라고 말하기 시작한다. 아이들은 긍정적인 말보다 부정적인 말을 더 빨리 배우는 것 같다. 그리고 마치 청개구리처럼 말을 안 듣기 시작한다. 이때의 아이들은 자아가 강해지면서 자기주장을 하기 시작한다. 하기 싫은 것은 죽어도 안 하고 고집을 부린다. "양치하자" 하면 "싫어. 양치 싫어" 하며 엄마와 실랑이를 벌인다.

초등학교 4학년 현수는 오직 먹는 것에만 관심이 있고, 다른 것은 관심이 없어 무엇이든지 다 싫다고 했다. 집에 있으면 아무것도 하지 않고 누워 있다가 심심하면 냉장고를 열어서 온종일 먹기만 하니 현수 엄마는 냉장고에 자물쇠를 채워놓을 정도였다. "현수야, 운동하자" 하면 "싫어" 하고 단칼에 거절하고, "공부하자" 하면 "공부하기 싫어"라며 오직 먹는 것에만 집중했다. 현수는 집에 오면 먹고 누워만 있었다. 현수 엄마의 고민이 날로 심각해졌다. 4학년 2학기가 되자 현수 학교에 야구부가 생겨서 유명한 코치님이 오셨다. 코치님은 현수가 키도 크고 힘이 세니까 현수에게 야구부에 들어올 것을 권했다. 그렇게 한 달간의 설득 끝에 현수 어머니의 허락을 받아 현수는 야구부에서 야구를 하게 되었다.

그렇게 움직이기를 싫어하는 현수가 야구부에서 훈련을 받게 된 것이다. 코치님의 코치를 받고 나면서부터 게으르고 무기력한 현수는 많이 변했다. 그 코치님은 아이들에게 칭찬을 많이 한다고 했다. 현수의 부정적이고 게으른 사고를 깨뜨리고, 긍정적인 생각을 심어준 야구부 코치님처럼 아이들은 누구의 지도를 받느냐에 따라 크게 달라질 수 있다. 현수는 야구를 하면서 완전히 다른 아이가 되었다. 키도 크고 날씬해졌다. 매일 바닥에 누워만 지내던 현수는 어디 가고, 부지런하며 활달하고 명랑해졌다. 현수에게는 현재 국가 대표선수가 되고 싶다는 목표도 생겼다.

부정적인 말도, 긍정적인 말도 마음 먹기에 달렸다. 긍정적으로 생각하고 행동하는 습관을 들이면 긍정적인 사람이 된다. 항상 부정적인 말을 하는 사람은 부정적인 사람이 된다. 나도 예전에는 부정적인 사고가 잦았다. 그러나 의식 변화를 통해 긍정적인 사고로 바뀌었다. 이후부터는 항상 긍정적인 생각을 하고, 긍정적인 말을 하려고 노력한다. 길을 갈 때도, 일할 때도 긍정의 언어를 계속 되새긴다. 수시로 입으로 말한다. 때로는 종에게 적기도 하고, 휴대진화에 입릭해서 날마다 훈련하다 보니 저절로 긍정적인 사람으로 변해갔다. 그러나 종종 생활하다 보면 부정적인 생각이 들어온다. 그러면 머리를 흔들고 바로 생각을 전환한다. 그러다 보면 긍정적인 사람이 되어 남을 칭찬할 마음의 여유가 생긴다.

　사람은 어떤 생각을 하느냐에 따라 인생이 달라지기도 한다. 우리의 의식이 변해야 한다. 사람은 생각하는 동물이다. 긍정적인 생각으로 긍정적인 말을 하면 긍정적인 사람이 된다. 부정적인 생각을 긍정적인 생각으로 전환하는 것이 중요하다. 긍정적인 사람은 항상 되는 일만 생각한다. 칭찬과 격려는 긍정적인 생각을 가능하게 하는 힘이 있다. 긍정적인 힘이 성공을 끌어온다.

　부모님은 아이가 긍정적으로 자라서 학교생활도 잘하고, 나아가 사회생활도 잘하는 사람으로 자라길 바랄 것이다. 긍정적인 아이가 되기를 바란다면 먼저 가정에서부터 부모님이 긍정적인 언어를 사용해야 한다. 아이가 부정적인 언어를 많이 사용하는 경우, 양육자인 부모님이 부정적인 언어를 자주 사용하고 있지 않은지 살펴봐야 한다. 또한, 가정에서 부모님의 사이가 좋아야 한다. 만약 부부 사이에 분위기가 편안하지 않으면 아이들은 불편함을 느낀다. 그럼 자연적으로 부정적인 말이 나올 수 있다. 가족 상호 간의 의사소통이 잘되어야 대화도 잘되고 긍정적인 말, 칭찬의 말을 많이 할 수 있다.

　가정의 양육자인 엄마가 "안 돼", "하지 마라", "그만해라" 등 부정적인 언어를 사용하고 있다면, 양육자 스스로 긍정적인 언어를 사용하려고 노력해야 한다. 그래야 아이들도 긍정적인 언어를 배우게 된다. 말도 습관이다. 우리 아이들이 긍정적인 언어 습관을 가질 수 있도록 양육자가 노력해야 한다. 양육자는 아이가 부정적인 사고에서 벗어나 긍정적으로 생각하고, 행동할 수 있도록 전환시켜주는 역할을 해야 한다. 일상 속에서 긍정적인 아이로 바뀌게 하는 데 칭찬만큼이나 효과가 큰 것도 없을 것이다.

칭찬은
적극적인 아이로 만든다

우리는 누구나 잘못을 저지르기 쉽다. 아홉 가지의 잘못을 찾아 꾸짖는 것보다 단 한 가지의 잘한 일을 발견해서 칭찬해주는 것이 그 사람을 올바르게 인도하는 데 큰 힘이 될 수 있다.

– 데일 카네기(Dale Carnegie)

우연히 누군가에게 칭찬을 받으면 그날 하루가 즐겁다. 누군가가 나에게 관심이 있다는 사실만으로 기분이 좋다. 더구나 나를 사랑하는 사람이 나에게 관심과 사랑을 가지고 있다고 생각하면 마음이 뿌듯하다. 사람은 누구나 다른 사람으로부터 칭찬받기를 원한다. 그러면서도 남을 잘 칭찬하지 않는다. 칭찬을 많이 하는 사람은 긍정적인 사람이다. 마음에 여유가 없으면 남을 칭찬할 수가 없다. 남에게 관심과 사랑이 없으면 칭찬을 할 수 없다.

아이들은 부모로부터 인정받고, 칭찬받으려는 욕구가 강하다. 우리는 이런 아이들을 인정하고 칭찬함으로써 자존감이 높아질 수 있도록 도와주어야 한다. 아이를 긍정적이고 적극적인 아이로 성장할 수 있도록 칭찬의 보약을 먹여주어야 한다. 소극적이고 내성적인 아이도 칭찬을 들으면 적극적으로 활동에 임하게 된다.

어릴 때 학교 수업을 마치고 운동장을 지나가는 길에 갑자기 공이 내 눈으로 날아왔다. 나는 너무 아파서 그 자리에 쓰러졌다. 눈이 빠지는 줄 알았다. 부끄러워서 아프다는 말도 못 하고 도망쳤다. 그 사건 이후로 나는 공이 무서워져 공만 보면 피하는 버릇이 생겼다.

그러다 초등학교 4학년 체육시간에 아이들과 운동장에서 피구 놀이를 했다. 나는 공이 무서워 열심히 공을 피해 다녔다. 잘하는 아이들이 다 공에 맞고, 이제 나와 다른 아이, 단 두 명이 남았다. 아이들이 잘한다고 내게 손뼉을 쳤다. 그런데 아이들이 잘한다고 손뼉을 치고 나서부터는 공이 무섭지 않았다. 그렇게 나는 끝까지 살아남아 우리 팀이 1등을 했다. 기분이 좋았다. 그다음부터 체육시간이 기다려졌다.

다른 친구들의 격려와 칭찬은 적극적으로 놀이에 임하게 했을 뿐만 아니라, 공에 대한 두려움을 극복하게 했다. 칭찬은 사람을 강하게 만드는 힘이 있다. 상대방의 진심을 담은 칭찬이나 격려는 아이를 변화시킨다. 칭찬을 통해 아이들은 어려운 일을 만날 때 극복하는 힘이 생긴다. 말의 힘은 대단하다. 세상을 바꾸는 것은 대단한 혁명이 아니다. 따뜻한 말 한마디가 우리의 세상을 아름답게 하기도 하고, 그래도 살 만한 세상, 훈훈한 세상이 되게 한다. 긍정적인 말을 하는 사람, 말을 예쁘게 하는 사람 주변에는 항상 사람들이 많다. 그러나 부정적이고 비난하는 사람들 주변에는 사람이 적다.

칭찬의 말에는 씨가 있다. 씨앗이 발아해서 열매를 맺는다. 좋은 말을 심으면 좋은 열매가 맺힌다. '말 한마디에 천 냥 빚을 갚는다'라는 말이 있듯이 말에는 강력한 핵폭탄 같은 힘이 존재한다. 그러므로 아이를 양육하는 사람은 아이들에게 긍정적이고 고운 말, 아름다운 말, 칭찬의 말을 해야 한다. 그래야 좋은 열매를 얻을 수 있다. 아이를 칭찬할 때는 웃으면서 진심으로 칭찬해주어야 한다. 아이들은 칭찬해주는 사람의 표정을 읽는다.

아이는 존재하는 것 이상의 큰 의미가 있다는 것을 알게 해주어야 한다. "민주야, 엄마는 민주가 있어서 너무 좋아", "민주가 있어서 엄마는 너무 행복해", "예쁜 내 딸 민주야, 민주가 엄마

딸로 와주어서 고마워" 하고 꼭 안아주어야 한다. 그러면 아이는 자존감이 높아진다. 아이와 함께 소통하고 아이의 눈높이에서 아이를 이해하고 인정해주자.

적극적인 아이로 키우고 싶다면 아기가 위험한 행동을 했을 때, 분명한 태도로 안 된다고 가르쳐야 한다. 그러나 어떤 방식으로든 강압적으로 꾸짖거나 하는 것은 좋지 않다. 아이들에게 지나친 간섭을 하거나 사소한 것도 못 하게 하거나 "안 돼", "위험해" 등 소리를 지르는 것은 아이를 소극적으로 만들 수 있으니 신중하게 대처하는 것이 좋다.

소극적인 아이를 적극적인 아이로 키우고 싶다면, 좀 더 세심한 관심을 가지고 아이와 함께하는 시간을 충분히 가져야 한다. 아이가 마음껏 활동할 수 있도록 함께 놀아주고 시간을 공유하면서 자신감을 가질 수 있도록 배려해야 한다. 아이와 함께 책 읽기, 산책, 수영이나 운동 등, 아이가 좋아하는 것을 공감해주면서 같이 놀아주어야 한다.

동민이는 공부를 하기 싫어했다. 운동도 싫고, 아무것도 하기 싫어했다. 꿈이 무엇이냐고 물으면 꿈이 없다고 했다. 뭐 하고 싶은 거 없는지 물으면 그저 놀고 싶다고 했다. 어느 날, 동민이 아빠가 공부도 안 하고 게임만 하는 동민이에게 "동민아, 아빠 기원에 바둑 두러 가는데 같이 갈래?" 하니 동민이가 "예" 하고 따라나섰다.

기원은 보통 연세가 많으신 분들이 오신다. 젊은 사람은 동민이 아빠와 아빠 친구분뿐이었다. 동민이는 어르신들께 깍듯이 인사를 했다. 어르신들은 인사를 잘하는 동민이를 무척 귀여워하시며 칭찬을 하셨다. 동민이는 어른들의 심부름을 하고 용돈도 받았다. 그러다 동민이는 그곳에서 처음으로 오목을 배웠다. 그것이 재미있어지자 이번에는 바둑을 배웠는데 하루에 2시간씩 앉아 있었다. 어르신들은 동민이를 무척 칭찬했다. "동민아, 너 2시간씩 앉아 있는 걸 보니 대단하다", "초등학생이 한자리에 2시간 앉아 있기가 쉽지 않은데 승부욕이 있어서 공부도 하기만 하면 잘할 것 같다", "머리도 똑똑하고 인사도 잘하고 인간성도 좋고, 동민이는 보통 아이가 아니야!" 하시면서 침이 마르게 칭찬하셨다고 한다.

동민이는 바둑을 배우면서 조금씩 달라졌다. 스스로 자율적으로 공부를 하기 시작했다. 10분도 책상에 못 앉아 있던 아이가 책을 보고 공부하는 시간이 점점 늘어났다. 그렇게 5학년 때는 부반장도 되고, 할 일을 찾아서 하는 적극적인 아이로 바뀌게 되었다. 동민이는 친구들도 많이 사귀고, 친구들을 잘 선도하는 아이가 되었다. 그 후에도 열심히 공부해서 서울에 있는 대학교에 들어갔다.

아무것도 하기 싫어하던 아이가 바둑을 통해 재미를 느끼고, 무언가를 적극적으로 하려고 하는 의욕을 보이게 되었다. 또한, 다른 사람의 칭찬을 통해 자존감을 회복해 자신감을 가지고, 적극적으로 행동하게 되었다. 아이들의 재능을 발견해서 아이들이 의욕을 가지고 생활할 수 있도록 양육자는 세심하게 배려해야 한다.

누구나 살아가면서 다른 사람으로부터 칭찬을 받아봤을 것이다. 누군가의 진심 어린 칭찬으로 큰 힘을 얻어 새로운 변화를 일으킨 적도 있을 것이다. 우리는 칭찬을 아끼지 말아야 한다. 칭찬의 말로 아이에게 힘과 용기를 주고, 적극적이고 진취적인 아이로 살아갈 수 있도록 해야 한다.

칭찬은 아이를 춤추게 한다

　남의 좋은 점을 발견할 줄 알아야 한다. 그리고 남을 칭찬할 줄 알아야 한다. 그것은 남을 자기와 동등한 인격으로 생각한다는 의미를 갖는 것이다.

― 괴테(Johann Wolfgang von Goethe)

　《칭찬은 고래도 춤추게 한다》라는 책은 2003년 한국에 처음 등장해서 굉장히 큰 인기를 얻었다. 이 문장을 모르는 사람이 없을 것이다. 누구나 칭찬을 좋아한다. 칭찬의 효과가 엄청나다는 것도 알고 있다. 하지만 많은 사람들이 칭찬보다 비난을, 격려보다는 비평을 더 많이 한다. 뉴스를 보면 온통 비난과 질책이 난무하다.

부정적인 말보다 긍정적인 말을 건네고, 비난보다 칭찬해야 하는데 칭찬에 인색한 사람은 어떻게 칭찬해야 하는지를 잘 모른다. 칭찬할 만해서 칭찬하는 것이 아니다. 칭찬하려고 관심을 가지고 바라보다 보면, 칭찬거리가 자연스럽게 생긴다. 칭찬은 한마디로 관심에서 시작된다. 생각해보면 사소한 일이지만 칭찬하려고 하면 칭찬할 거리가 많다. 그저 칭찬하는 것이 습관화되어 있지 않았을 뿐이다. 감사할 거리를 찾으면 감사할 일이 많은 것처럼, 칭찬도 찾아보면 많이 있다. 우리가 무심코 지나쳐버렸기 때문에 발견하지 못했을 뿐이다. 비난도 하면 할수록 늘듯 칭찬도 마찬가지다. 칭찬은 하면 할수록 긍정을 만들어내는 효과가 있다.

한국의 부모님들은 유독 자식에 대한 애착이 강하다. 교육열이 대단하다. 요즈음 부모님들은 아이에 관해서 공부를 많이 한다. 그래서 수많은 정보를 통해 아이에게 칭찬을 많이 해야 한다는 것은 알고 있다. 그런데 구체적으로 어떻게 칭찬해야 하는지는 모르는 분들이 많다.

칭찬을 할 때는 구체적으로 칭찬해야 한다. 또한, 결과보다는 노력과 과정을 칭찬해야 한다. 아이가 받아들이고, 인정하며 이해할 수 있도록 눈높이를 낮춰 칭찬하는 것도 매우 중요하다. 그리고 칭찬할 때는 진심으로 칭찬해야 한다. 진정성 없는 칭찬은 하지 않는 것이 좋다. 아이들은 상대방이 나를 진심으로 칭찬하는지, 아닌지 잘 안다.

칭찬할 때는 표정을 밝게 하고 웃는 얼굴로 칭찬하라. 아이들은 어른의 표정을 읽기 때문이다. 칭찬에도 기교가 필요하다. 칭찬할 때 상대방을 잘 알고 칭찬해야 한다. 상대방에 대해 잘 관찰해야 한다. 상대방에 대해서 알지 못하면 무엇을 칭찬해야 할지 몰라서 제대로 칭찬을 못 하는 경우가 많다.

칭찬할 때는 표정을 최대한 크게 하고, 다른 사람이 들을 수 있도록 한다. 예를 들어, 아이가 학교에서 글짓기 대회에서 상을 탔다면 "우리 아들이 열심히 책을 읽고 독후감도 쓰고 일기도 쓰고 하더니 상을 탔네", "왜 이렇게 잘해. 너무 잘했다", "이런 표현은 초등학생이 할 수 없는 표현인데 완전히 작가네, 작가야! 천재 작가다", "엄마는 네가 내 아들이라는 게 자랑스럽다. 사랑해"와 같이 격한 반응을 보여주자.

어려서부터 칭찬을 받고 자란 아이는 남을 칭찬하는 사람으로 자란다. 칭찬을 많이 받은 사람이 다른 사람 칭찬도 할 수 있게 된다. 칭찬은 아이를 춤추게 한다. 칭찬은 아이가 이 일을 하고 싶다는 의욕을 불러일으킨다. 그러므로 아이의 상태를 세밀하게 관찰하는 것이 중요하다.

그런데 칭찬을 잘못하면 도리어 독이 될 수 있다. 무책임한 칭찬은 아이의 자립심을 키워주지 못할 뿐만 아니라 부모에게 칭찬을 받기 위해 하는 행위가 되어버리기에 조심해서 칭찬해야 한다. 칭찬의 진정한 목표는 스스로 행동하고, 스스로 할 수 있는 아이로 자라게 하는 것이다. 그러면 아이가 해낸 일에 대한 성취감과 만족감을 느낄 수 있을 것이다.

아이들은 자신이 부모로부터 사랑받고 부모님이 자기를 끝까지 지지해주고 칭찬과 격려를 아끼지 않을 때 자존감 높고 건강한 아이로 자라게 된다. 또한, 아이들은 주위 환경에 영향을 많이 받는다. 특히, 부모, 학교 선생님, 학원 선생님, 할아버지, 할머니, 친구들의 말이나 칭찬과 격려에 크게 좌우된다. 칭찬을 많이 받은 아이는 작은 일에도 감사할 줄 안다.

내가 중학교에 들어갔을 때 부산에서 영어 선생님이 우리 학교로 전근을 오셨다. 영어 선생님은 미국이라는 잘 알지 못하는 나라에 관해 이야기해주셨기에 굉장히 재미있었다. 영어 선생님은 꿈 이야기를 많이 이야기하셨고, 칭찬과 격려를 많이 해주셨다. 옆집에 사는 친구의 언니인 미숙 언니는 중학교 3학년이었지만, 언니 집은 가난해서 고등학교에 갈 형편이 안 되었다. 그런데 영어 선생님께서 언니에게 "꿈을 포기하지 마라. 꼭 고등학교에 갈 수 있다"라고 하시며 칭찬과 격려를 아끼지 않았다. 미숙 언니는 코피가 나도록 열심히 공부했다. 미숙 언니 아버지는 "여자가 무슨 고등학교에 가느냐?"며 반대를 하셨지만, 언니는 어려운 형편에 학업만은 포기하지 않겠다는 굳은 결심을 하고 아버지께 선전 포고를 했다. 언니는 "고등학교에 안 보내주면 지금부터 밥도 안 먹고, 물도 안 마시겠다"라며 단식투쟁에 들어갔다. 16일 동안 단식하던 중, 언니 부모님께서 항복하셨다. 그렇게 언니는 부모님께 어떻게 해서든지 등록금을 마련해주겠다는 약속을 받았다.

미숙 언니는 공부는 잘했는데 어려운 가정 형편 탓에 상업학교에 가서 낮에는 일하고, 밤에는 공부를 하게 되었다. 상업학교에서도 열심히 공부해서 대학교에도 들어갔다. 미숙 언니는 자기가 돈을 벌어서 대학도 가고, 대학원에도 들어가 교수가 되었다. 미숙 언니의 꿈과 열정을 아무도 막지 못했다. 그 당시, 미숙 언니의 사연은 라디오에도 소개되었다. 또한 "공장 직공이 교수가 되다"라는 제목으로 다큐멘터리로 방영되기도 했다. 미숙 언니는 중학교 영어 선생님을 평생 잊지 못한다고 말했다. 그 선생님의 칭찬과 격려와 위로 때문에 오늘날 자신이 있다고 하며 그 선생님을 그리워했다. 그 다큐멘터리 프로그램 마지막 부분에 미숙 언니에게 격려와 칭찬을 했던 그 선생님을 찾는 부분이 나오기도 했다.

미숙 언니에게 따뜻한 칭찬과 격려를 아끼지 않았던 영어 선생님은 미숙 언니가 할 수 없는 진학의 꿈을 응원해줌으로써, 할 수 있다는 자신감을 심어주었다. 환경과 역경을 뛰어넘을 수 있는 큰 힘과 용기를 주었다. 이렇게 칭찬의 힘은 위대하다.

칭찬의 말 한마디가 한 사람의 인생을 송두리째 바꾸어버렸다. 칭찬은 칭찬을 낳는다. 미숙 언니는 자신처럼 가난하고 어려운 사람들에게 꿈과 용기를 주고, 칭찬과 격려를 해주는 교수가 되어 많은 학생에게 도움을 주고 있다. 칭찬의 나비효과가 아닐까? '칭찬은 고래도 춤추게 한다'라는 말처럼 칭찬은 아이를 춤추게 한다.

모든 것은 사람의 마음에 달려 있다. 말은 소중하고도 중요하다. 칭찬의 말 한마디가 어두운 마음을 환하게 비춰주기도 하고, 비난의 말 한마디가 절망의 나락으로 떨어뜨릴 수도 있다. 아이들은 칭찬을 먹고 자란다. 칭찬을 먹은 우리 아이들이 미래의 꽃으로 활짝 피어나는 그날까지 우리는 아이들에게 칭찬 릴레이를 멈추지 말아야 할 것이다.

칭찬은 아이의
교우 관계를 좋게 한다

　점점 자라가면서 아이들은 또래 친구와 같이 노는 것을 좋아한다. 중고등학교에 가면 친구가 전부인 것처럼 친구에게 목숨을 거는 아이들이 있다. 부모님 말씀은 안 들어도 친구 말은 듣는다. 그만큼 친구의 영향이 큰 시기다.
　인생에 있어서 좋은 친구 하나만 있으면 성공한 인생이라고 한다. 그러나 정말 좋은 친구를 만난다는 것은 쉬운 일이 아닌 것 같다. 아이들이 어린이집이나 유치원, 학교, 학원에서 친구와 사이좋게 지내면서 학교생활도 잘하고, 공부도 잘하기를 바라는 것은 부모로서 당연하다. 그런데 아이들 가운데 친구들과 잘 지내고 학교생활도 잘 적응하는 아이가 있는가 하면, 그러지 못한 아이들도 있다.

학기 초에는 아이들이 낯선 친구와도 어색하고 서먹서먹해서 잘 지내지 못한다. 3개월쯤 지나면 아이들은 반 아이들의 이름도 다 알고, 친하게 잘 지내게 되는 것을 보게 된다. 학기 초 1학년 아이 중 유독 엄마와 떨어지기 싫어하는 아이가 있었다. 교문에서 엄마 치마를 잡고 엄마와 헤어지지 않으려고 울고 난리가 났다. 엄마는 학교에 가라고 아이를 떠밀고 아이는 안 가겠다고 울면서 버티고 있었다. 아이와 엄마가 한참 실랑이를 벌이고 있었다.

나는 아이에게 "엄마와 떨어지기 싫어서 그렇구나!" 하면서 아이를 안심시키고, "괜찮아. 선생님이 교실까지 같이 가줄까?"라고 말하며 가방을 들어주고 우는 아이를 달래서 교실까지 데려다주었다. 약 한 달간 그렇게 아이를 매일 달래주고 안아주면서 나는 아이와 친해졌다. 아이는 다른 학교에서 전학을 와서 처음에 잘 적응을 못 해 친구도 없이 혼자 다녔다. 나는 아이를 볼 때마다 칭찬과 격려를 하며 꼭 안아주었다. 그러자 아이는 시간이 지나면서 친구들과 서서히 친해졌다. 이제는 친구들도 많이 사귀고 활발하게 학교생활을 잘하고 있다. 누구도 알아주는 사람도 아는 사람도 없지만, 나는 혼자 외톨이로 지내는 아이가 보이면 다가가 친구가 되어주었다. 처음에는 서먹서먹하던 아이들이 이제는 먼저 인사를 한다.

왕따 문제나 학교 폭력 등이 사회적 문제가 되고 있는 세상이다. '내 아이가 혹시나 친구들로부터 따돌림을 당하면 어쩌지?' 하고 은근히 걱정하는 부모님이 있을 것 같다. 내 아이가 친구로부터 따돌림을 받고 마음에 상처를 받았다고 생각하면 얼마나 가슴이 아플까? 생각도 하기 싫어질 것이다. 소심한 아이들은 친구 사귀기를 두려워한다. 부모님들은 우리 아이가 왕따 당하지 않고, 학교 친구들과 잘 지내고 공부도 잘하기를 바란다. 부모님의 사랑과 칭찬을 많이 받은 아이들은 어디에서든지 당당하게 친구들과도 잘 지내게 된다.

내가 아는 동생의 딸 이름은 은선이다. 4학년이 되자, 친하게 지내던 친구들이 어느 날부터 은선이를 따돌리기 시작했다. 아이들은 점점 은선이를 무시하고 "저 애 좀 이상해"라며 은선이를 놀렸다고 한다. 은선이는 학교에 가기가 싫다고, 다른 학교로 전학 가고 싶다고 했다. 아이들과 한 반에서 공부하기 싫다고 했다. 고민을 하는 동생에게 나는 은선이 담임 선생님과 상담해보라고 했다. 아이의 상태를 이야기하고 전화로 상담을 했다. 담임 선생님은 은선이를 따돌린 아이 다섯 명을 불러 은선이에게 그렇게 하지 말라고 혼을 냈다고 한다.

그런데 앞에서 선생님에게는 안 그런다고 하고서는 은선이에게 와서 "너 때문에 우리가 선생님께 불려갔어"라며, 다른 친구들에게도 "은선이와는 놀지 말라"고 했다고 한다. 은선이는 울면서 밥도 안 먹고, 자기 방에 들어가서 나오지 않았다. 지금까지 혼자서도 묵묵히 잘 해오던 은선이가 갑자기 학교를 가기 싫어하자 은선이 엄마는 너무 속상하다고 했다.

나는 아이와 함께 여행도 하면서 은선이를 많이 위로해주고, 격려해주라고 했다. 은선이에게 칭찬도 많이 해주고, 맛있는 것도 많이 사주라고 했다. 은선이네 가족은 일주일 동안 제주도로 여행을 떠났다. 그곳에서 은선이는 굉장히 좋아했다고 한다.

아이가 학교생활에서 힘들고 괴로울 때 위로받을 곳은 가정뿐이다. 부모님이 자신을 사랑하고 지지하며 격려하고 위로하며 칭찬해준다면, 아이는 다시 가고 싶지 않던 학교에서 불편한 친구들과의 관계 속에서도 인내하면서 이겨나갈 힘이 생길 것이다. 아이도 힘든 일도, 어려운 일도 스스로 이겨내고 해결하는 지혜를 배워야 한다.

학기 초 친한 친구와 반이 갈리면서 새로운 친구를 만남으로써 겪는 긴장과 두려움이 있다. 학생들은 교실이라는 공간 안에서 반 친구들과 함께 공부도 하고 사회생활도 한다. 친구들과 함께 생활하면서 사회성을 배워간다. 가끔 친구와의 사이에 갈등이 생길 수도 있지만, 화해도 하고 서로 알아간다. 아이들은 어려움도 견디고 이길 수 있도록 힘을 길러야 한다.

엄마나 선생님이 학교 친구들 사이에 끼어들어 해결할 수 없는 문제도 많다. 아이들은 사회생활을 하면서 좋은 일도 겪고, 안 좋은 일도 겪는다. 아이들도 공동체 생활을 통해 사회성을 배우며 자란다.

부모님이 아이의 마음을 이해하려 노력하고, 진심으로 아이를 칭찬하고 격려해주어야 한다. 교우 관계로 힘들어하는 지친 아이의 어깨를 일으켜 세울 수 있는 것은 부모님의 따뜻한 칭찬과 격려다. 아이들이 학교생활을 하면서 스트레스를 받을 때 어디에도 하소연할 곳이 없다. 이런 아이를 따뜻하게 안아주고 위로해주며 칭찬의 보약을 먹여 힘을 줄 사람은 오직 부모님밖에 없다. 칭찬의 보약은 우리 아이를 살린다. 칭찬은 아이의 교우 관계를 좋게 해준다.

칭찬은 아이의
기를 살려준다

칭찬은 인간의 영혼을 따뜻하게 하는 햇볕과 같아서 칭찬 없이는 자랄 수도, 꽃을 피울 수도 없다. 그런데도 우리 대부분은 다른 사람에게 비난이나 찬 바람을 퍼붓고 함께 살아가는 사람들에게 칭찬이라는 따뜻한 햇볕을 주는 데 인색하다.

— 제스 레어(Jess Lair)

부모가 해야 할 일은 아이의 성격과 성향에 적합한 교육을 하는 것이다. 아이아 아이 부모를 둘러싼 환경이나 아이의 재능과 성격, 그리고 부모의 기대가 잘 맞을 때 아이는 기죽지 않고, 긍정적인 아이, 적극적인 아이, 자존감이 높은 아이로 자랄 수 있다.

우리는 아이가 가지고 있는 고유의 기질은 인정해주고, 아이가 가지고 있는 특별한 자질을 발견해서 그 능력을 발휘할 수 있도록 도와주어야 한다. 아이의 기질에는 장점도 있고, 단점도 있다. 아이의 장점을 칭찬해주고 격려해줌으로써 긍정적으로 발전해가도록 유도해주어야 한다. 그리고 단점을 보완해줌으로써 아이가 자신감을 잃지 않고, 좋은 친구 관계를 맺으며, 사회성을 발휘할 수 있도록 지도해주어야 한다.

'자존감'이란 '자아존중감'의 줄임 말로, 자신의 능력과 가치에 대한 평가나 태도를 뜻하는 말이다. 요즘 우리 아이들 중에는 기운이 없는 아이들이 많다. 말마다 "힘없어", "힘들어" 하는 아이들이 있다. 이런 아이일수록 자존감이 낮은 경우가 많다. 자존감이 낮은 아이들은 스스로 하려는 의욕이 적다. 힘든 일은 쉽게 포기해버린다. 왜 그 일을 해야 하는지를 알지 못한다.

학교에 등교할 때 어떤 아이들은 기분 좋게 씩씩하게 등교한다. 큰 목소리로 "안녕하세요" 하고 허리를 90도로 숙여 인사한다. 반면 어떤 아이는 어깨가 축 늘어져 힘겹게 등교한다. "○○○, 왜 이렇게 힘이 없어? 힘들어?" 하고 물으면 "네, 힘들어요. 죽을 것 같아요"라고 말한다. 가정에서 자존감이 낮은 아이들은 밖이나 학교에서도 무기력하고 의욕이 없다.

부모님들은 아이의 기를 살리기 위해 동분서주한다. 하지만 생각하는 것만큼 좋은 결과가 있는 것이 아니다. 부모님이 지나치게 아이를 간섭해 완벽하게 하려고 하다 보면, 아이가 도리어 기가 죽어 자신감을 잃을 수 있다. 아이가 실수하고 잘못하더라도 나무라지 말고 참으면서 기다려주고 실수를 해도, "실수하면서 배우는 거야" 하면서 힘과 용기를 주어야 한다. 우리 아이의 처진 어깨를 올려주는 데는 부모님의 칭찬과 격려가 가장 큰 효과를 발휘한다.

아이가 작은 것이라도 자기 힘으로 이루었다는 성취감을 느낄 수 있도록 하는 것이 중요하다. 아이들이 성취감을 맛보게 하려면 부모님이 긍정적인 생각을 하고, 긍정적으로 말을 많이 해야 한다. 아이들은 부모님의 긍정적인 말과 행동을 배운다.

아이의 자존감은 살아가는 데 굉장히 중요하다. 자존감을 키워주는 곳은 학교도, 학원도, 선생님도 아니다. 오직 가정에서만 할 수 있다. 학교 선생님이 내 아이의 자존감을 키워줄 것으로 알고 있다면, 그것은 잘못된 생각이다. 하나뿐인 소중한 내 아이의 기를 살리고, 자존감을 세워줄 사람은 이 세상에 부모님밖에 없다.

뇌 균형 연구소 이승룡 소장님은 '자존감'이란, 실패 상황에서

견뎌내고 이겨낼 수 있는 자신에 대한 믿음으로, 어려서부터 목을 가누고, 뒤집고, 앉고, 서고 등 기본적인 운동 발달에서부터 인지나 언어발달 등 성공에 대한 경험을 부모로부터 받아가며 발달하는 '능력'이라고 말한다.

'자존감이 높은 아이'란, 긍정적인 자세로 자신을 바라볼 줄 아는 아이다. 다른 사람의 기준에서 나를 바라보고 평가하는 것이 아니라, 있는 그대로의 나를 보고 자신을 믿고 내면이 단단해 쉽게 무너지지 않는 아이다. 아이는 자신이 소중한 존재라는 것을 안다. 그래서 선생님이나 친구들이 하는 말에도 크게 흔들리거나 지나치게 고민하지 않는다. '뭐, 그럴 수 있지!' 하며 가볍게 넘기기도 한다. 그리고 자신의 잘못을 깔끔하게 인정하고 받아들인다.

아이들이 어려서는 친구 간에 일어난 일이나 유치원이나, 학교에서 일어났던 일을 조잘조잘 잘 이야기한다. 그러나 커가면서 말이 없어지고, 말을 잘 안 하는 경우가 있다. 부모는 궁금해 아이에게 세세히 물어보지만, 아이들은 귀찮게 생각하고 "몰라" 하는 경우가 있다.

아이와의 대화를 통해 기를 살릴 수 있도록 노력해야 한다. 먼저 아이 편에서 들어주는 자세가 필요하다. 마음을 열고 어떤 말을 하더라도 들어주는 부모 앞에서라면, 아이는 무슨 말이든 다 할 수 있다. 자신의 말을 진심으로 들어준다는 것만으로도 아이는 마음을 열고 대화할 수 있을 것이다. 아이의 생각을 알아주고, 아이의 의견을 물어봐주고 인정해줄 때 아이는 긍정적인 자아가 형성된다.

아이가 실수하더라도 나무라지 말고 인내하며 지켜봐주고, 아이가 실수를 통해 배울 수 있다는 것을 알게 해주는 것이 좋다. "괜찮아! 엄마도 실수해. 사람은 누구나 실수할 수 있어. 그러나 실수하는 것이 문제가 아니라 왜 실수했는지 그 원인을 알고, 그 원인을 개선해서 다시는 실수를 반복하지 않도록 하게 하는 것이 더 중요해"라고 아이가 이해할 수 있도록 잘 설명해주어야 한다.

아이와의 특별히 시간을 마련해 아이와 최고의 시간을 보낸다. 함께 여행을 가서 인생 전반에 대해 여러 가지 이야기를 하며, 아이와 신뢰 관계를 쌓는 것도 좋다.

어려서부터 아이의 기를 살려줌으로써 자존감 높은 아이로 자라 사회가 필요로 하는 유능한 인재로 성장할 수 있도록 도와주어야 한다. 자존감이 높은 아이는 자발적으로 의욕을 가지고 적극적으로 도전한다. 가족 상호 간의 신뢰와 사랑이 아이의 자존감을 높일 수 있다.

아이는 부모님의 전부다. 세상에서 단 한 사람도 나를 믿어주지 않더라도 부모님만은 내 편이라고 생각하는 아이라면, 어디에서도 기죽지 않고 긍정적으로 살아갈 힘이 생겨날 것이다. 자존감은 곧, 아이의 생명이라고 할 수 있다. 기죽이지 않고 아이를 키운다는 것은 스스로 하도록 자율적인 환경을 만들어주는 것이다. 칭찬은 아이의 기를 살려준다. 내 아이가 기죽지 않고 당당히 사는 그날까지 칭찬과 격려, 지지를 아끼지 말아야 할 것이다.

3장

엄마가 행복해야 아이도 행복하다

엄마가 행복해야 아이도 행복하다

인간은 단지 행복하기를 원하는 게 아니다. 남들보다 더 행복하기를 원한다. 그런데 우리는 남들이 자기보다 더 행복하다고 생각하기 때문에 남들보다 행복해지기 어려운 것이다.

― 세네카(Lucius Annaeus Seneca)

사람의 궁극적인 목적은 행복하게 사는 것이다. 사람은 누구나 행복하게 살기를 바란다. 그럼 지금 나는 행복한가? 내가 지금 행복한지, 아닌지는 본인의 마음에 달렸다. 내가 행복하다고 생각하면 행복하다. 그러나 내가 불행하다고 생각하면 불행한 것이다.

사람마다 행복의 조건이 다 다르다. 행복이란 인간의 '삶' 그 자체다. 행복은 인간이 살아가는 이유다.

우리는 처음부터 이 땅에 행복하기 위해 태어난 사람이다. 인간의 존엄성을 가지고 이 땅에 태어났기 때문이다. '참된 행복은 자신의 삶을 자신이 만족하는 삶'이다. 만족은 감사한 삶을 살게 하고, 감사는 삶에 만족하게 한다. 행복은 우리 마음속에 있다. 우리가 먼저 마음의 문을 열고 긍정적인 마음을 가진다면, 행복은 자연스럽게 우리에게 다가올 것이다.

아무리 많은 물질을 가졌다고 해도 본인이 만족하지 못하면 불행한 것이다. 사람이 좌절하거나 낙심하면, 마음이 자유롭지 못하고 고통스럽다. 그러면, 자신의 능력을 발휘할 수 없다. 그러나 비록 가진 것이 적어도 본인의 마음이 기쁘고 행복하면 행복한 것이다. 세상에는 많은 돈이 있어도 만족한 삶을 살지 못하고 근심하면서 사는 사람이 있다. 국민소득 수준이 높을수록 행복지수가 높아야 하는데, 오히려 선진국일수록 행복지수는 더 낮다고 한다.

헬렌 켈러(Helen Keller)처럼 눈으로 볼 수도, 귀로 듣지도 못해도 행복한 사람이 있다. 이 세상에 어떤 사람도 불행하기 위해 태어나지는 않는다. 다만 내가 남들보다 불행하다고 생각할 뿐이다. 행복은 누가 정해주는 것이 아닌, 본인 스스로 정하는 것이다. 다른 사람이 아니라 내가 기준이 되는 것이다.

　나는 언제 가장 행복했었는지 생각해보니 아마 아이를 낳았을 때가 아닌가 한다. 아이의 엄마로서 산다는 것은 행복한 일이다. 엄마가 되어 아이를 양육할 수 있다는 것은 큰 특권이다. 신은 엄마에게 생명이라는 큰 선물을 주었다. 엄마는 신으로부터 선물 받은 아이를 잘 키워야 할 의무를 받은 것이다. 엄마라는 이름을 가진 사람의 소임이다. 엄마는 아이를 잘 키워야 한다. 그것이 엄마의 일이다.

　아이가 태어났을 때 기쁨은 말로 다 표현할 수가 없다. 아이가 태어난 기쁨으로 산고의 고통은 다 잊어버린다. 엄마로 산다는 것은 어렵고 힘든 일이 많다. 엄마로서 감당해야 할 책임과 의무도 크다. 하지만 엄마의 이름으로 살면서 받는 고통도, 아픔도 다 감당할 수 있는 것은 오직 아이를 사랑하기 때문이다. 모든 것을 다 인내하고 힘든 순간도 다 이길 수 있는 것은 자식을 향한 기대와 사랑이 있기 때문이다.

　옛말에 '품 안의 자식'이라고 했다. 아이의 효도는 세 살까지라고 했다. 세 살이 되면서 아이는 자아가 형성되어 자기주장을 하기 시작한다. 자기 뜻대로 안 되면 고집을 부리고 떼를 쓴다. 이때부터 아이와 부모의 실랑이가 시작된다. 너무나 사랑스럽고 기쁨의 근원인 아이지만, 한편으로는 아이로 인해 부모는 모든 것을 감당하고 인내해야 한다.

아이를 양육하다 보면, 나도 모르게 화를 내고 소리도 지르게 된다. 엄마로서 한계를 느낄 때도 있다. 아이도, 엄마도 스트레스를 받을 때가 있다. 정말 잘 양육하고 싶은데 생각대로 되지 않을 때, 마음먹은 대로 아이가 잘 따라 주지 않을 때 오는 갈등과 고민이 있다.

아이는 엄마의 영향을 가장 많이 받는다. 엄마가 행복하면 아이도 행복하다. 엄마의 감정을 아이는 고스란히 전달받는다. 엄마가 화를 내면 아이도 화를 낸다. 엄마가 부지런하면 아이도 부지런하다. 엄마가 깔끔하면 아이도 깔끔하다. 엄마가 성실하면 아이도 성실하다. 엄마가 게으르면 아이도 게으르다. 엄마가 소리 지르면 아이도 소리 지른다. 아이는 엄마 따라쟁이다. 엄마가 하는 대로 하는 것이 아이다. 그래서 엄마가 행복해야 아이가 행복하다. 아이는 엄마라는 해를 바라보며 자란다.

내 아이만큼은 나와 다른 삶을 살기를 바라는 엄마들이 많다. 하지만 엄마가 변해야 아이도 변한다. 엄마가 변해야 아이의 미래가 변한다. 엄마가 변해야 아이의 삶이 변한다. 세 살 이전 아이들은 엄마의 의식이 아이의 의식이 된다. 이 시기의 아이들에게 엄마의 존재는 절대적이다. 그러므로 엄마가 기분이 좋지 않고 우울하면, 아이에게 그 기분이 고스란히 전달된다.

아이에게 짜증을 내거나 화를 내면 아이는 그 피해를 그대로 받게 된다. 특히, 산후우울증이 있거나 질병이 있으면 아이의 상태가 심각해진다. 엄마의 심리 상태가 심하게 불안하고 우울하면, 전문가의 도움을 받아보는 것이 엄마와 아기를 위해 바람직하다. '세 살 버릇이 여든 간다'라는 말이 있듯이 이 시기에 아이들은 인성이 형성되기 때문에 이때의 양육자 태도는 굉장히 중요하다.

엄마는 자신의 마음을 잘 관리할 줄 알아야 아이 마음도 잘 돌볼 수 있다. 세 살 이전의 아이들은 미숙하기에 전적으로 엄마의 손길이 필요하다. 이 시기의 아이들은 엄청난 속도로 빠르게 배운다. 이 시기의 아이들은 하얀 백지다. 백지 위에 그림을 그리면 그대로 그려지는 것처럼 아이는 엄마가 하는 그대로 다 받아들이기 때문이다.

아이의 부모인 양육자가 행복해야 아이도 정서적으로 안정되어 행복할 수 있다. 육아로 힘들고 지쳤다면 충분한 휴식을 취하며 재충전해야 한다. 육아는 힘든 것이 아니라 즐겁게 할 수 있는 지혜로운 마음이 필요하다.

언젠가 큰언니의 부탁으로 언니의 손주들을 잠깐 돌봐주게 되었다. 그런데 첫째 딸은 말하는 것이며 걸음걸이가 아이의 아빠를 그대로 닮았다. 둘째 딸은 엄마 붕어빵이다. 엄마의 목소리와 말투까지 똑같다. 둘이서 소꿉놀이를 하는데 엄마, 아빠의 대화를 그대로 흉내 내었다. 평소에 엄마가 쓰는 사투리까지 그대로 복사하고 있었다. 아이 앞에서는 찬물도 마음대로 못 먹는다는 말이 맞는 것 같다. 아이는 엄마의 말투도 그대로 닮는다.

진정으로 내 아이가 행복하길 원한다면, 엄마인 나부터 행복해지자. 엄마가 행복해야 아이도 행복하다. 내 아이의 행복은 내가 행복해짐으로써 이루어질 수 있다.

아빠가 행복해야
아이도 행복하다

가장인 아빠가 행복하면 가정이 행복하다. 아빠가 행복하면 아내도 행복하고, 아이도 행복하다. 아빠의 노고와 수고가 우리 가정을 행복하게 한다. 아이들은 엄마의 영향도 많이 받지만, 아빠의 영향 또한 크다.

요즈음 젊은 아빠들은 직장 일도 열심히 하지만, 집에 오면 집안일이며 육아도 잘한다. 내가 알고 있던 젊은 아빠인 지웅이 아빠는 퇴근해서 집에 오면 청소도 하고, 요리도 한다. 아이들 목욕도 다 씻기고, 아이들 우유도 먹이며, 기저귀도 갈고, 아이들과 잘 놀아주다가 재우는 것까지 능숙하게 한다. 오히려 지웅이 엄마보다 더 잘한다. 지웅이 엄마 힘들다고 퇴근 후나 주말은 온전히 아이들과 함께 지낸다. 때로는 아내에게 육아 휴가도 준다.

정말 가정에 충실한 젊은 아빠다.

　지웅이 아빠가 지웅이 엄마한테 잘하니 아이들은 엄마, 아빠의 좋은 기운을 받아 아주 건강하고 밝게 잘 자랐다. 부부의 행복이 아이들의 행복이다. 아이들은 분위기를 잘 파악한다. 엄마, 아빠가 기분이 좋고 행복하면, 아이들은 자연히 행복한 기운을 받아 행복해진다. 세 살 이전은 아이들은 집안의 기운을 뇌세포에 각인하는 시기이기에 환경적인 영향, 특히 부모의 영향을 많이 받는다.

　아이들은 보통 엄마와 같이 지내는 시간이 많다. 그런데 가끔 보는 아빠를 더 좋아하는 경우가 있어 신기하다. 예찬이 아빠는 한 달에 한 번씩 집에 오는 데도 예찬이가 7개월쯤에 처음으로 했던 말이 '아빠'다. 예찬이 엄마가 아무리 '엄마'라고 수십 번 가르쳐주어도 꼭 '아빠'라고 했다. 보통 아이들은 엄마를 먼저 하는데, 예찬이는 누가 가르쳐주지 않아도 아빠를 먼저 했다. 예찬이가 아빠 얼굴을 자주 못 봐서 아빠 얼굴 잊어버리지 않으려고 아빠를 찾는 것이 아닐까 생각했다.

　아이들은 직감적으로 분위기를 아는 천부적인 재능을 타고난 것 같다. 아이들이 어려서 잘 모르는 것 같아도 다 알고 있다. 아이들은 먹고, 입고, 자고, 노는 모든 것을 다 부모로부터 배운다.

그러므로 부모의 양육 태도는 아이에게 지대한 영향을 미친다. 아빠의 한마디는 아이에게 큰 힘이 될 수 있고, 반대로 큰 상처를 줄 수 있다.

아빠는 가정의 기둥이다. 아빠의 한마디에 온 가족이 행복해진다. 엄마가 아무리 잔소리를 해도 아이들은 말을 안 듣다가 아빠가 단호하게 한마디 하면 아이는 "네, 알겠어요" 하면서 자기 할 일을 한다. 아빠가 질서를 딱 잡아주면 문제가 해결된다.

아빠가 행복해야 가정이 행복하다. 아빠는 너무 바쁘다. 아침부터 저녁까지 직장에서 일하고, 주말이면 집안 행사에 사회활동이며 또는 취미생활까지 하려면 쉬는 시간이 없다. 가끔은 아이들과 놀아주기도 하지만, 집에 오면 지쳐서 잠자기 바쁘다. 그래도 아이들은 아빠를 좋아한다.

아빠의 기분이 좋아야 한다. 아빠의 기분이 좋아야 아이를 양육할 때도 아이의 반응에 즉각적으로 대응하게 되고, 아이들을 즐겁게 양육할 수 있다.

아빠가 된다는 것은 그만큼 책임이 따르기에 한편으로는 어깨가 무겁다. 하지만 아빠가 되는 것은 아빠 자신에게도 좋은 일이다. 아빠라는 자리는 아이로 인해 많은 것을 희생해야 하지만, 아이로 인해서 누리는 기쁨 또한 크다. 세상의 아빠라는 이름은 고귀하다.

부모의 자질은 타고난 것이 아니라 아이를 키우며 배워가는 과정에서 생겨난다. 아이도 배우고, 부모도 배워가며 부모의 역할을 성실히 수행해야 한다. 우리 아이를 다른 아이와 비교하지 않고, 나를 다른 부모와 비교하지도 않고 '나의 아이를 어떻게 잘 키울 것인가?' 때로는 고민하고, 때로는 아파하면서 아이의 시선으로 바라보며, 부모도 아이와 함께 자라나가는 것이다. 그렇게 부모도 함께 배워가는 것이다.

하지만 워낙 복잡하고 다변화된 사회 속에 살다 보면 때로는 '내가 부모로서 자질이 있나?', '내 아이는 이래도 괜찮을까?' 하는 불안이 몰려올 때가 있다. 그럴 때는 어디에다 물어볼 수도 없고 답답하기만 하다. 그러나 그럴 때마다 "나는 ○○아빠다" 하면서 정신을 다잡아보자.

아빠는 아이를 강력히 사랑하는 에너지를 가지고 있기에 그 에너지를 자녀에게 쏟는다면, 올바른 아이로 키울 수 있는 원동력이 된다. 행복한 아이로 키우려는 아빠의 진짜 마음을 아이는 충분히 알 수 있으리라 생각한다. 아이에게는 부모가 옆에 있어 주는 것만큼 행복한 것은 없다. 반대로 아이가 우리 곁에 있어 주는 것만으로도 부모는 행복하다. 아이가 아프지 않고 건강하게 자라주는 것만으로도 충분히 행복하다.

 가정의 가장인 아빠가 든든히 서서 기둥 역할을 잘할 때 가정도 행복할 수 있다. 이 시대 모든 아빠에게 힘찬 박수를 보내고 싶다.
 '아빠, 사랑해요. 우리가 있잖아요. 아빠 힘내세요. 우리가 있잖아요.'

가족이 행복해야
아이도 행복하다

'가정이 화목하면 행복이 저절로 온다'라고 했다. 우리 가족이 화목하고 행복하면 가정의 꽃인 아이들은 행복으로 활짝 피어날 것이다. 옛날에는 대가족이었으나 지금은 핵가족이라 식구가 많지 않지만, 대가족이든 핵가족이든 가족 모두가 행복해야 가정의 아이들도 행복하다.

예전에 알고 지내던 사람에게 아들과 딸이 있었는데, 아들 동원이는 희소병에 걸려 병원 생활을 오래 했다. 아이의 엄마는 동원이의 병간호를 해야 했기에 딸 수연이는 할머니에게 맡겼다. 하지만 할머니도 몸이 안 좋아서 아이를 제대로 돌보지 못할 때가 많았다. 어떤 때는 아이를 혼자 두고 밭에 나가시기도 했다. 너무 안쓰러워서 나는 종종 우리 집에 데리고 와서 봐주기도 했다.

지금은 의료보험제도가 잘되어 있어 병원비 부담이 적지만, 그때만 하더라도 병원비가 개인으로서는 감당하기 힘들 정도였다. 몇 년간의 병원비와 생활고로 동원이 엄마, 아빠는 밤낮으로 일을 해서 빚을 갚아야 했다. 그 후 동원이의 병이 다 나아 퇴원했지만, 수연이는 부모님과 함께 살 수가 없었다. 수연이와 동원이는 부모님과 떨어져 몇 년을 할머니와 살아야 했다. 부모님이 경제적으로 어려워 아이를 돌볼 형편이 못되었기 때문이다.

함께 사는 구성원인 가족이 모두 건강해야 가정이 행복할 수 있다. 가정의 구성원인 가족 가운데 누군가 한 사람이라도 건강하지 못하면 가족이 행복할 수가 없다. 가족이 아프면 가족 구성원 모두가 영향을 받는다. 가정의 침울한 분위기가 가족 전체로 퍼지기 때문이다.

그래도 동원이네는 10년 가까이 동원이 엄마, 아빠가 각고의 노력을 한 끝에 모든 빚을 갚고 다행히 온 가족이 함께 살 수 있게 되었다. 동원이 아빠와 엄마는 참 대단하다. 엄청난 어려움을 겪으면서도 불평하지 않고, 늘 웃음을 잃지 않았다. 그래서인지 아이들이 어려운 환경에서도 밝게 자랐다. 수연이는 공무원이 되었고, 동원이도 건강이 좋아져 대기업 임원이 되었다. 지금은 웃으며 옛날이야기를 하지만, 그때는 참 힘든 시간을 보냈다.

부모란 아이에 의해 울기도, 웃기도 하는 존재인 것 같다. 내 아이가 아프면 부모는 더 아프다. 내 아이가 기쁘면 부모로서 그보다 더 기쁜 일은 없다. 내 자식이 잘되는 것만큼 부모로서 기쁜 일이 더 어디 있겠는가? 하지만 내 자식이 잘못되면 그만큼 부모의 슬픔도 크다. 내 아이가 잘되고 행복하게 살면, 부모는 더 바랄 것이 없을 것이다.

부모란 무엇인가 생각해보게 된다. 지금은 부모지만 어린 시절 나도 자식이었던 시절이 있었다. 아버지가 돌아가신 지 14년이 지났다. 어머니는 아흔두 살로, 거동이 불편하시고 치매라 요양병원에 계셨다. 처음 내가 책을 쓸 때만 해도 어머니가 살아계셨는데 불과 얼마 전, 어머니가 돌아가셔서 산 좋고 물 맑은 선산에 어머니를 모시고 돌아왔다.

자식이 철이 들어 효도하고 싶어도 부모는 기다려주지 않는다. 그때 부모한테 잘할 걸 후회해도 소용이 없다. 자식이란 본래 그런 존재인가 보다. 아이로 인해서 내가 자식이었던 때로 돌아가본다. '나도 그때 부모님의 마음을 아프게 했구나!', '그때 우리 엄마도 섭섭했겠나', '그래, 내 자식이 나에게 그렇게 하는 것도 이해가 간다. 세상에 이해 못 할 일은 없다', '얼마나 그때 아이가 답답했으면 장난감을 던졌을까? 자기 요구가 받아들여지지 않으니 답답해서 방법이 없어서 장난감을 던졌구나!' 생각하면 이해가 된다.

　아이는 힘들면 힘들다, 아프면 아프다, 먹고 싶으면 먹고 싶다, 자기의 요구를 마음껏 한다. 하지만 부모는 어디에 요구할 수도, 하소연할 수도 없다. 누구에게 터놓고 말할 수 있는 사람도 없다. 다 부모가 감당해야 한다. 부모도 사람이다. 너무 힘들고 지치면 쉬어가야 한다. 짐이 너무 무거우면 조금은 내려놓고, 하루라도 쉬어가면서 충전의 시간을 가져야 한다. 너무 앞만 보고 가지 말고 잠깐 멈춰 가족이 함께하는 시간을 가졌으면 좋겠다.

　나는 집에서 설거지나 청소를 할 때 자주 노래를 한다. 늘 즐겁게 살려고 한다. 즐겁게 살면 즐거운 일이 생긴다. 힘들다 하고 찡그리고 있으면 더 힘들다. 즐거워서 노래하는 것이 아니라 노래하다 보면 즐거워진다. 즐겁게 생활하다 보면 아이들에게 관대하게 되고, 아이가 실수해도 야단치거나 비난하지 않고 "괜찮아. 실수할 수도 있어"라고 넘어갈 수 있게 된다.

　부모가 행복하면 가족이 모두 행복하다. 가족이 행복하면 가정은 행복의 보금자리가 된다. 아이들은 마음껏 뛰놀면서 자기의 능력을 마음껏 발휘할 수가 있다. 행복한 가정의 아이들은 기가 산다. 어디 가도 당당하다.

아이를 양육하다 보면 종종 돌발 상황이 생기고, 예상치 못한 일이 발생하기도 한다. 우리 아이가 네 살 때, 눈앞에서 아이가 없어졌다. 도로변에 사람들이 모여 구경을 하고 있었다. 나는 순간 하늘이 노래지고 다리가 후들후들 떨렸다. 그런데 조금 있으니까 아들이 택시 밑에서 기어 나왔다. 사람들이 손뼉을 치고 난리가 났었다. 심장이 멈추는 것 같았다.

아이를 키우다 보면 심장이 떨어질 만큼 놀랄 일이 많다. 또 어떤 때는 아이가 아파 가슴을 졸일 때도 있다. 그래도 이 모든 것을 다 이기고, 여기까지 올 수 있었던 것도 아이가 있어서다. 가족이 있어서다. 내가 너무 힘들고 지치면 아이도 돌볼 수 없다. 내가 건강하지 않으면 아이도 건강하게 키울 수가 없다. 나부터 건강하고, 나부터 행복해져야 한다. 그래야 내 가족도, 내 아이도 건강해지고 행복해진다.

온 가족이 신체적·정신적으로 건강해야 아이도 건강하다. 온 가족이 행복해야 아이도 행복하다. 아빠도 힘들면 힘들다고 이야기하자. 엄마도 힘들면 힘들다고 이야기하자. 아이도 힘들면 힘들다고 이야기하자. 힘든 사람끼리 한번 잘해보자. 서로에게 힘이 되자. 우리는 가족이다. 힘든 일도 어려운 일도, 함께하는 것이 가족이다. 어렵고 힘들수록, 더욱 하나 되어 어려움도 이기고, 힘든 일도 참아내며, 서로 격려하고 위로하며 역경을 극복해가는 지혜로운 부모가 되자. 지혜로운 아이로 자라자. 아이들은 부모의 모습을 통해 내면이 더욱 단단한 아이로 자랄 수 있을 것이다.

　가족 구성원이 행복하면 아이들은 밖에서 있었던 일이나 자기 생각을 숨김없이 다 이야기한다. 부모의 말은 아이에게는 큰 영향을 준다. 엄마, 아빠의 긍정적이고 따뜻한 칭찬과 격려는 자녀가 행복한 길로 가는 지름길이다. 가족 구성원의 행복 언어는 아이의 자존감을 끌어올리는 지렛대가 된다. 아이들은 부모의 모습을 통해 몸소 긍정적인 모습을 배우게 될 것이다. 부모가 행복하면 아이도 행복하다. 가족이 행복해야 아이도 행복하다.

양육자가 행복해야 아이도 행복하다

아이들은 양육하는 양육자의 손에 의해 길러진다. 그러므로 양육자의 태도는 매우 중요하다. 아이를 양육하는 양육자는 아이를 양육하기 전에 자신의 마음을 잘 살펴봐야 한다. 양육자는 애정과 사랑을 가지고 아이를 양육해야 한다. 아이를 양육하는 양육자로는 아이의 엄마, 아빠, 할머니, 할아버지, 부모, 선생님, 친척, 베이비시터, 그 외 다수의 사람이 될 수 있다.

아이가 정서적으로 안정된 아이로 자라기를 바란다면, 먼저 양육자기 편안하고 행복한 마음을 가지고 있어야 한다. 양육자가 기분이 좋아야 아이가 울거나 짜증을 내어도 마음이 동요되지 않고 아이를 잘 돌볼 수 있다. 아이에게 좋은 애착 관계를 형성할 수 있다. 양육자가 많이 웃거나 밝고 부드럽게 아이와 많이 대화하고 즐겁게 있다면, 아이도 양육자의 좋은 영향을 받아 잘 웃고 기분 좋게 잘 논다.

그러나 양육자가 화가 나 있거나 안 좋은 일이 있어 우울하면, 그 영향은 고스란히 아이의 몫이 된다. 양육자인 베이비시터가 행복해야 아이도 행복하게 자랄 수 있다. 그러므로 양육자는 본인의 상태를 잘 파악해 심신이 피곤하거나 힘이 들면, 충분한 휴식을 취해 마음과 몸이 회복된 상태에서 양육할 수 있도록 해야 한다. 지친 얼굴로 아이를 돌보는 것은 아이나 양육자 자신을 위해서도 좋지 않다.

양육자는 밝고 환한 얼굴로 아이들을 양육해야 한다. 힘들면 충분히 쉬어주어야 한다. 그것이 아이들과 본인을 위한 길이다. 양육자는 운동도 하고 충분한 영양을 공급하면서 육아 스트레스를 자신만의 방법으로 해소할 수 있어야 한다.

아이를 잘 양육하기 위해서는 반드시 자신을 먼저 돌봐야 한다. 자신이 힘들고 지쳐 있으면 아이에게 힘과 에너지를 공급하기 어렵다. 아이를 돌보는 것은 양육자의 에너지를 아이에게 쏟아붓는 일이다. 그런데 양육자의 에너지가 고갈되어 아이와 함께 놀아줄 힘이 없으면 쉽게 짜증이 나고 지쳐버린다.

아이는 끊임없이 자기의 필요한 것을 요구한다. 양육자는 아이의 욕구를 충족해주어야 한다. 육아는 육체적·정신적 노동이다. 아이와 온종일 함께하다 보면 육체적·정신적으로 힘이 들 수 있기에 양육자는 틈틈이 피로를 풀어야 한다. 때로는 음악을 틀고 아이와 함께 춤추면서 스트레스를 푸는 방법도 있다. 아이와 신나게 놀이를 하다 보면 아이도, 양육자도 즐겁게 지낼 수 있다.

아기들은 이기적이다. 오직 자기밖에 모른다. 배고프면 울고, 잠이 와도 울고, 배고프면 우유를 달라고, 잠이 오면 재워달라고, 끊임없이 요구한다. 아이는 양육자의 기분을 알 리가 없다. 그러므로 양육자는 스스로 자신의 건강을 체크해 최상의 상태로 아이를 양육할 수 있도록 해야 한다. 아이가 필요한 모든 것을 다 해주어야 한다. 끊임없이 돌봐주어야 한다.

내 아이를 똑똑하게 키우고 싶은 것이 부모의 마음이다. 우리나라 부모들은 '내 아이의 인생이 곧, 나의 인생이다'라는 마음으로 자녀 교육에 목숨을 건다. 나와 아이를 동일시하는 경향이 있다. 지나치게 '내 아이'에게 집착한다.

우연히 알게 된 사람의 집을 방문한 적이 있었다. 57평의 집 안 가득 아이의 장난감과 옷들이 즐비하게 늘어서 있었다. 어린 아이 오십 명이 사용할 분량의 장난감과 책, 교구들이 넘쳐났다. 마치 유치원에 온 것 같았다. "아이가 몇 명이에요?" 했더니 한 명이라고 했다.

아이에게 모든 것을 다 해주고 싶은 것이 부모 마음이다. 그러다 보니 아이가 전부다. 가정의 모든 것이 아이 위주가 된다. 아이의 교육을 위해서라면 아낌없이 투자한다. 아이의 행복이 곧 부모의 행복이 된다. 아이가 좋은 대학에 들어가면, 아이를 통해 못다 이룬 내 꿈이 이루어진 것 같이 기뻐한다. 아이가 원하는 대학에 들어가지 못하면, 마치 자신이 실패라도 한 것처럼 느낀다. 아이에 의해 요동하지 않고, 부모가 중심을 잡고 있어야 한다. 그래야 아이들도 흔들리지 않는다.

독일 엄마들은 아이와 자신을 별개로 생각한다. 아이도 하나의 인격체로 본다. 아이의 행복도 중요하지만, 우선 아이 양육자가 행복해야 아이도 행복하게 키울 수 있다고 생각한다. 먼저 양육자가 행복해야 한다. 그래야 아이를 더 잘 돌볼 수 있다.

나는 아이를 양육하는 베이비시터다. 아이 엄마를 대신해 아이를 맡아 기르는 사람이다. 아이와 직접 접촉하고, 아이와 애착 관계를 형성하는 사람이기에 내 기분은 아이에게 직접적인 영향을 미친다. 그래서 나는 언제나 행복한 이모여야 한다. 그래야 아이가 행복하다.

 나는 베이비시터가 된 후, 아이를 이해하게 되고 아이의 편에서, 또 아이 엄마의 편에서 이해하려고 한다. 그러다 보니 모든 것을 긍정적으로 바라보게 되었다. 아이와 친구가 되어 책도 읽고, 목욕도 하고, 여러 가지 놀이를 통해 웃고 즐기다 보면 어느새 힘들고 안 좋은 감정은 어디로 가고 즐겁고 행복하기만 하다. 아이도, 나도 즐겁다. 아이와 있는 시간이 내게는 제일 즐거운 시간이다.

 특히, 목욕시간은 즐거운 놀이시간이다. 비눗방울놀이, 인형놀이, 공놀이, 오리놀이, 배놀이, 총놀이를 하면서 목욕시간을 즐긴다. 실컷 놀고 나면 아이는 잠을 잘 잔다. 나는 아이를 자주 마사지도 해주고, 안아주고, 예뻐해준다. 특히 노래하기, 책 읽기, 이야기하기를 잘한다. 매일 노래해서인지 아이들이 노래를 정말 잘한다. 내가 봐준 아이들은 다 노래를 잘하는 것은 아니더라도 다들 노래를 좋아한다.

 좌뇌가 언어, 의식, 수리 등 논리적인 부분을 담당한다면, 우뇌는 문학, 음악, 이미지 등, 창의적이고 감성적인 부분을 담당한다고 한다. 우뇌는 엄마 몸속에서부터 발달하기 시작해서 세 살에서 여섯 살까지 활발하게 발달해 일곱 살 이전에 90%가 완성

된다고 한다. 유아기에 우뇌 자극에 도움이 되는 운동이나 마사지를 많이 해주고 많이 안아주어야 한다. 아이들이 마음껏 상상하게 하고, 아이들의 호기심을 만족시켜주어야 한다.

아이는 이모인 내 목소리를 듣고 기뻐하며 손뼉을 치며 놀기도 하고, 내 입 모양을 보면서 말을 배우기도 한다. 표정과 말을 보고 들으며, 적극적으로 자기 의사를 표현하며 말을 배운다. 나는 아이의 눈높이에서 아이의 마음을 읽고, 아이의 심리 상태를 파악해 아이와 소통하고자 노력한다. 이모인 내가 주로 하는 일은 아이와 함께 놀아주는 것이다. 아이와 함께 마음껏 웃고 놀다 보면 아이도 행복하고 나도 즐겁다.

양육자는 아이와 놀이를 통해 아이의 뇌 발달에 힘써야 한다. 아이에게 책을 많이 읽어주어야 한다. 아이는 책을 통해 상상력을 발휘한다. 아이는 책을 많이 읽음으로써 문장력과 어휘력, 상상력이 풍부해진다. 아이는 오감을 통해 사물을 경험하게 된다. 아이는 양육자의 보호를 받으며 보고, 듣고, 만지고 입에 넣어 보기도 하면서 학습하게 된다. 매일 책을 읽다 보면 아이는 어느새 책과 친해져 일어나 눈을 뜨면 책을 본다. 책 읽는 것이 습관화되는 것이다.

또한, 양육자는 아이와 신체 접촉을 많이 해주어야 한다. 양육자는 행복하고 즐거운 마음으로 아이와 소통해야 한다. 양육자의 심리적인 안정이 아이의 감정에 영향을 미쳐 아이는 감성적인 아이로 자라게 될 것이다.

양육자는 항상 자신이나 아이를 위해서 행복한 삶을 살아야 한다. 육아를 힘들어하기만 하는 것이 아니었으면 좋겠다. 양육자가 행복해야 아이가 행복하다.

선생님이 행복해야
아이도 행복하다

　학교 아이들은 선생님으로부터 필요한 모든 것을 배운다. 아이들은 선생님을 통해 말이나 행동, 감정이나 철학을 배운다. 가랑비에 옷 젖듯이 선생님으로부터 매일 여러 가지를 습득한다. 그렇게 1년이라는 시간을 지나고 보면, 어느새 아이들은 선생님을 닮아가는 것을 보게 된다.

　선생님의 기분이 아이들에게 크게 영향을 끼친다. 선생님이 기분이 좋고 행복하면 아이들도 행복하다. 선생님의 칭찬과 격려를 받으면, 아이들은 학교생활을 즐겁다고 느낀다. 반대로 선생님에게 야단을 맞으면, 학교에 오는 것이 즐겁지 않다고 생각한다.

선생님에 따라 학급 분위기가 다르다. 어떤 선생님은 표정이 굳어 있다. 잘 웃지 않고 아이들을 잘 야단친다. 그런 반 아이들은 말이 없고 표정이 굳어 있다. 그런데 표정이 밝고 아이들과 친근하게 지내는 선생님의 반 아이들은 표정이 밝고 아이들도 활달하다. 때로는 선생님과 장난도 한다.

점심시간에 어떤 반 아이들이 급식을 먹지 않고 선생님을 기다리고 있다. 왜 들어가지 않느냐고 물었더니, 아이들이 선생님과 함께 갈 거라고 한다. 선생님이 나오면 아이들이 달려가서 서로 선생님의 손을 잡으려고 한다. 선생님에게 자연스럽게 말을 걸며 친구처럼 논다.

아이들이 어릴 때는 선생님이 좋아서 학교에 가고, 친구가 좋아서 학교에 가기도 한다. 그 나이 때에는 친구나 선생님의 영향이 크다.

내가 중학교에 다닐 때 도덕 선생님의 별명은 호랑이 선생님이셨다. 아이들은 도덕 선생님을 제일 싫어했다. 그날 시간표에 도덕 수업이 들어 있는 날은 학교에 가기가 싫었다. 수업시간에 선생님이 호명할 때 빨리 일어서지 않으면 바로 얼굴에 분필이 날아왔다. 질문했을 때 답을 못 하면, "이리 나와" 하며 귀를 잡아당겨 어떤 남학생의 귀가 찢어진 적도 있었다.

도덕 선생님은 규율부장 선생님이셔서 매일 학교 정문에 가위와 자를 가지고 지키고 계셨다. 9시 정각에서 1분만 늦어도 학교 운동장 열 바퀴를 돌아야 했다. 당시는 머리가 조금만 길어도 장발 단속을 했다. 여학생은 단발머리 귀밑에서 3㎝만 길면 가위로 잘랐고, 남학생은 3㎝만 길어도 이발기로 머리를 밀었다. 어떤 남학생은 머리 위로 고속도로가 지나갔다. 교문에 계신 도덕 선생님을 보고, 우리는 저승사자가 서 있다고 했다.

그 시절에는 지금처럼 교통이 좋지 않았다. 그래서 1시간을 넘게 시골길을 걸어서 학교에 다녔다. 조금이라도 늦었다 싶으면 땀을 뻘뻘 흘리면서 학교에 달려갔던 기억이 난다.

그때 나는 선생님에 대한 막연한 동경과 존경심이 있었다. 그런데 도덕 선생님 때문에 그 환상이 다 깨져버렸다. 이처럼 아이들의 꿈은 선생님에 의해서 좌우될 수 있다. 그만큼 아이들은 선생님의 영향을 많이 받는다.

나는 초등학교 4학년 때 선생님이 제일 기억에 많이 남는다. 당시, 시내에서 우리 학교로 전근 오신 윤 선생님이 4학년 우리 담임 선생님이 되셨다. 선생님은 아주 젊으셨고 공부를 굉장히 잘 가르쳐주셨다. 한 사람, 한 사람 신경을 써 주셨고, 성적이 떨어진 아이들은 방과 후 남아서 성적 지도를 해주시거나 성적이 뛰어난 아이들은 주말에 선생님 사택에서 공부했다.

선생님은 참신한 아이디어로 우리가 한 번도 해보지 않은 게임이나 운동도 하게 했다. 토요일이면 개울가에 가서 물고기도 잡고, 폭포가 있는 숲속에 가서 술래잡기 놀이도 했다. 선생님은 좋은 이야기도 많이 해주셨다. 당시, 선생님은 교회에 다닌다고 하셨다. 내가 교회에 가게 된 것도 아마 선생님의 영향이라는 생각이 든다. 지금도 선생님 하면 윤 선생님이 제일 기억에 남는다.

학교 일을 하다 보니 선생님들이 굉장히 많은 수고를 하고 있다는 것을 보게 된다. 각기 개성이 다른 아이들을 맡아 교육한다는 것이 쉬운 일은 아니다. 교사가 되기 위해 힘들게 공부해서 임용고시를 치르고 합격해 교사가 되었지만, 학생들을 가르치는 것이 말처럼 쉬운 일이 아닐 것이다. 교사가 의도하는 대로 잘 따라오는 아이도 있지만, 그렇지 못한 아이도 있을 수 있다.

점점 학생들을 가르치기가 어려운 환경이 되어간다. 교사가 되었지만, 교사로서 만족하지 못하는 교사들도 많다고 한다. 우리나라 중학교 교사 다섯 명 가운데 한 명은 교사가 된 것을 후회한다는 설문 조사 결과가 있을 정도다. 선생님의 자존감은 매우 중요하다. 부모의 자존감이 아이에게 그대로 전달되는 것처럼, 선생님의 말과 행동은 학생들에게 그대로 전달되기 때문이다.

우리 아이들이 행복하기 위해서 선생님들이 행복해야 한다. 선생님들이 상당히 어려움을 겪고 있으리라 생각된다. 그런 선생님들의 자존감을 높일 수 있도록 노력해야 한다.

요즘 학교가 더 많이 삭막해졌다. 코로나로 인해 선생님과 아이들의 교제가 쉽지 않다. 아이도 선생님도 온종일 마스크를 쓰고 수업해야 한다. 코로나 악화로 갑작스럽게 원격수업을 해야 하는 상황도 생긴다. 교사로서 교육 현장에서 당하는 다양한 상황에 육체적·정신적 피로가 높아지기도 했다.

나는 초등학교에서 119 방역 소독요원으로 활동하고 있다. 아이들이 등교하기 전에 학교 현관문을 열어놓고 열화상 컴퓨터를 켜놓은 후, 복도 난간 손잡이, 교실 문, 화장실 문 등 아이들의 손이 닿는 곳을 다니며 알코올로 소독한다. 교실 복도를 다니면서 이곳저곳을 소독하다 보면, 아침 일찍 출근해서 수업 준비를 하는 선생님을 만나게 된다. 다른 선생님보다 30~40분 먼저 나와 아이들이 먹는 급식 우유를 가져다 놓기도 하시고, 그날 수업 준비를 하는 선생님도 계셨다.

선생님들의 열의가 대단하시다. 표정도 밝고 굉장히 적극적이며 아이들에게도 잘해주는 것 같다. 선생님과 제자와의 유대감이 선생님에게는 큰 자부심이 될 것이다. 그러한 만족감은 외부적인 문제나 제도에서 오는 여러 가지 문제점을 해결할 힘이 되어줄 것이다. 교사가 참스승으로 해야 할 역할과 역량을 최대한 발휘할 수 있도록 분위기를 만들어주는 것이 중요하다.

교사를 격려해주고 용기를 주는 것이 필요하다. 교사로서 어려운 일을 당했을 때 혼자가 아니라고 인식시켜드릴 필요가 있다. 학교에서 생활하다 보면 정말 여러 가지 어려움을 겪고도 사랑을 실천하는 선생님들이 많이 계신다. 정말 선생님을 존경한다. 선생님들이 대단해 보인다.

선생님의 자존감이 곧 우리 아이의 자존감이다. 선생님 자신이 가치 있고 유능한 교사임을 믿고 행동할 때, 우리 아이들도 선생님을 믿고 신뢰할 것이다. 선생님의 말과 행동을 통해 학생들은 선생님을 존경할 것이다. 자존감이 높은 선생님이 아이들도 자존감 높게 양육할 수 있다. 모든 선생님이 교육 현장에서 보람을 가지고, 아이들과 행복하고 즐겁게 학교생활을 했으면 좋겠다.

유치원이 행복해야 아이도 행복하다

단체 생활의 시작인 유치원 생활은 아이들에게 굉장히 중요하다. 유치원 환경이나 분위기, 선생님의 미소, 또래 친구들, 모든 것이 아이들에게는 낯설고 새롭다. 우리 아이가 성장하는 데 가장 많은 영향을 주는 곳이 유치원이라 할 수 있다.

아이들은 엄마의 품 안에 있다가 유치원이라는 기관에 맡겨져 단체 교육을 받게 된다. 가정에서만 엄마와의 애착 관계를 형성하다가 유치원이라는 나선 환경에 적응하는 데는 아이들에게 상당한 시간이 필요하다. 또래 아이들과 노는 것을 좋아하는 아이들은 적응을 잘하는 편이다. 그런데 그렇지 못하고 엄마와 떨어지는 것을 두려워하는 아이들은 유치원에 가고 싶지 않아 한다.

아이들은 한 사람이 살아가는 데 알고 있어야 할 기초적인 모든 것을 유치원에서 배운다. 유치원에서 아이의 생활은 너무나 중요하다. 아이의 인격 형성에 큰 영향을 미치기 때문이다. 유치원에서 이루어지는 교육은 아이 삶의 기초가 된다. 유치원에서 아이는 모든 발달의 기초를 형성하고, 삶의 태도와 사회성을 배운다. '유치원에서의 교육이 평생을 좌우한다'라고 해도 과언이 아니다.

유아기에 아이들에게 형성된 인격이나 기본적인 습관, 삶의 태도, 성격은 유아기가 지나면 고치기가 어려워진다. 그러므로 유아기에 나타나는 아이의 문제 행동이나 잘못된 습관, 나쁜 버릇은 부모나 선생님이 적절한 교육을 통해 교정해주는 것이 좋다. 이 시기에 아이에게 좋은 습관을 갖게 해주어야 한다.

TV 프로그램 〈우리 아이가 달라졌어요〉에서 유아기 아이들은 주변 사람의 말과 행동을 통해 바람직한 방향으로 행동이 달라지는 것을 보게 된다. 어린아이일수록 올바른 교육이 중요하다. 아이들의 올바른 기초를 튼튼히 세워주기 위해서 가정과 유치원, 사회가 아이에게 많은 도움을 주어야 한다.

유치원에서 선생님 말은 아이들에게 곧, 법이다. 유치원 선생님이 "○○○, 치마 입으니 예쁘네" 하면 매일 치마만 입고 가려고 한다. "오늘은 비가 오니 바지 입고 가자" 해도 "아니야, 선생님이 치마 입어서 이쁘다 했어. 치마 입을 거야"라고 할 정도다.

아주 오래전 일이긴 하지만, 조카가 어릴 때 좋은 유치원에 입학하기 위해 2박 3일 텐트를 치고, 라면을 끓여 먹으며, 줄을 서서 기다리다 입학했던 일이 있었다. 대학 입시를 방불할 정도로 좋은 유치원에 들어가기가 하늘의 별 따기보다 힘든 시절이 있었다. 내 아이에게 좋은 유치원, 더 좋은 교육환경에서 교육을 받게 해주고 싶은 것이 부모의 마음이다.

아이에게 최고로 좋은 유치원에서 좋은 선생님에게 교육을 받게 하기 위한 부모의 노력은 대단하다. 유치원에서 좋은 교육을 받아 지혜롭고 똑똑한 아이로 건강하게 자라기를 원한다. 그런데 유치원에 가기 싫어하고, 유치원에서 적응을 잘 못하는 아이의 엄마는 아이를 유치원에 보내기가 쉽지 않다. 최근에는 코로나로 유치원에 가다가 안 가는 날이 많아서인지 더 가기 싫어한다. 아침마다 아이와 전쟁을 한다. 아이는 엄마와 계속 집에 있고 싶어 한다.

하지만 엄마가 양육 태도를 분명하게 해야 한다. 아이에게 끌려다니면 안 된다. 아이가 가기 싫어하는 원인을 분석하고, 아이가 건강에 이상이 없는 한 아이에게 유치원은 규칙적으로 꼭 가야 하는 곳임을 인식시켜주어야 한다. 일찍 아이를 재워 충분한 잠을 자고 일어나 기분이 좋은 상태에서 아이를 챙겨서 유치원에 보내야 한다.

아이가 늦게 자고 아침에 일어나기 힘들면, 짜증을 내고 유치원에 가기 싫어한다. 억지로 아이를 보내게 되면 아이도, 엄마도 마음이 좋지 않다. 매일 저녁 일찍 재우는 것을 습관화해야 한다. 그리고 아이에게 상황을 설명해주어야 한다. 아이들은 모르는 것 같아도 다 알아듣는다.

그리고 아이가 유치원에 잘 다녀왔을 때 칭찬해주고 아이와 함께 즐겁게 놀아주어서 아이가 정서적으로 불안해하지 않고 편안함을 느끼게 하는 것이 중요하다. 아이가 '유치원은 꼭 가야 하는구나' 하고 스스로 깨닫고, 잘 적응할 수 있도록 격려와 위로를 해준다. 아이의 마음을 잘 읽어주고, 충분히 공감해주며, 아이와 이야기를 많이 한다. 아이가 엄마에게 마음을 털어놓고 이야기할 수 있도록 아이를 인정하고 존중해주어야 한다. 엄마로부터 사랑받고 있고, 가정에서 소중한 존재임을 느낄 수 있도록 하는 것이 중요하다.

엄마는 자신의 아이가 자존감이 높고 용기 있기를 바란다. 같은 활동을 하더라도 아이마다 대하는 태도가 다 다르다. 어떤 아이는 자기가 잘못하더라도 당당하다. 어떤 것에 도전할 때 처음임에도 한번 해보고 싶어하는 아이가 있다. 그러나 어떤 아이는 해보지도 않고 "못 해요" 하고 미리 포기해버린다.

어떤 아이는 자신이 그린 그림을 가지고, 이것은 노랑 개나리 꽃이고, 이것은 강아지라며 열심히 설명한다. 반면, 어떤 아이는 자기 그림을 남에게 보여주기를 꺼리고, 부끄러워하며 숨기기도 한다. 또한, 높은 미끄럼대 위로 겁 없이 올라가는 아이가 있는가 하면, 무섭다고 처음부터 근처에도 안 오려고 하는 아이도 있다. 손잡고 같이 올라가자 해도 안 올라가려고 한다. 이 아이는 일주일 동안 같이 한 걸음씩 올라간 후에야 안전하다는 것을 알고 올라가게 되었다.

소심하고 자신감이 부족한 아이들은 적응하는 데 시간이 많이 필요하다. 이 시기의 아이들은 사소한 말 한마디에 상처를 받기도 하고, 삐지기도 한다. 유치원에 매일 늦게 오는 아이에게 "오늘 늦었네. 내일부터 좀 빨리와" 하면 어떤 아이는 "네" 하는데, 어떤 아이는 상처를 받는다. 같은 말이라도 아이들은 각자 받아들이는 것이 다르다.

유치원은 아이들의 자존감이 형성되는 시기다. 유치원 선생님, 부모님, 친구의 긍정적인 말이나 웃는 표정, 눈빛, 행동이 우리 아이의 자존감 형성에 큰 영향을 줄 수 있다. 소심한 아이, 자존감이 낮은 아이에게는 부모님이나 선생님이 격려와 칭찬을 많이 해주고, 사랑과 관심을 가지고 돌봐주어야 한다. 아이는 부모와 선생님을 통해 무엇이 좋은 가치고, 무엇이 나쁜 가치인지를 알아간다.

부모님의 긍정적인 말은 아이의 자존감에 큰 영향을 미친다. 말은 소리가 되어 입으로 나오는 순간, 큰 힘을 발휘한다. 말의 힘은 대단하다. 부모님이 "하지 마", "이것도 못 해?", "저리 가", "입 다물어", "조용히 해" 등과 같은 부정적인 말을 많이 하는지 살펴봐야 한다.

항상 긍정적인 말로 아이에게 격려와 칭찬을 아끼지 말아야 한다. 부모와 유치원 선생님의 사랑과 관심은 아이의 건강한 자존감을 형성하는 데 큰 힘이 된다. 아이가 유치원 가는 것을 즐거워하고, 친구와 노는 것을 즐거워하는 아이가 될 수 있도록 부모와 선생님이 함께 힘써야 한다.

자존감이 높은 아이로 키우고 싶다면, 먼저 부모님의 자존감이 높아야 한다. 그래야 아이도 자존감이 높은 아이로 자랄 수 있다. 엄마가 행복해야 아이도 행복하다. 유치원 선생님이 행복해야 아이들도 행복하다. 아이들이 유치원에서 선생님, 친구들과 늘 즐겁고, 행복하게 생활했으면 좋겠다.

학교가 행복해야
아이도 행복하다

인간은 태어나서 누구나 교육 받을 권리를 가지고 있다. 우리나라 헌법 제 31조 2항에 교육의 의무에 대해 나와 있다. 모든 국민이 자녀에게 최소한 고등학교 교육과 법률이 정하는 교육을 받게 할 의무가 있다고 말한다.

초등학교 6년, 중학교 3년, 고등학교 3년, 대학교 4년, 우리는 보통 16년 동안 학교 교육을 받는다. 유치원과 대학원을 합친다면, 인생의 상당 부분을 학교에서 배움을 위해 보낸다고 봐야 한다. 아이들이 학교에 다니며 공부를 한다는 것은 쉬운 일이 아니다. 공부하는 것이 즐거운 사람은 그다지 많지 않을 것이다. 때로는 학교에 가기 싫은 때도 있고, 공부가 하기 싫을 때도 있다. 그래도 공부를 해야 한다. 학교에 가야 한다.

왜 공부를 해야 할까? 왜 학교에 가야 할까? 왜 대학에 가야 할까? 수많은 의문을 갖고 공부와 기나긴 싸움을 한다. 학교에 가는 것이 즐겁고, 행복하면 얼마나 좋을까? 공부하는 것이 즐겁고, 행복하면 얼마나 좋을까? 그러나 그런 아이들이 얼마나 될까? 공부를 잘한다고 행복한 삶을 산다는 보장은 없다. 요즘은 대학을 나와도 취직이 된다는 보장이 없다. 학교가 인생을 보장해주는 것이 아니다.

그럼에도 아이들은 주로 학교에서 생활하며 많은 것을 배운다. 친구와 사귀면서 사회성을 배워간다. 또 선생님을 통해 지식을 습득한다. 아이들은 그룹 활동을 통해 좋아하는 것을 배우며, 친구와 폭넓은 사회활동을 한다.

그러나 우리나라의 교육 현장은 획일화되어 있다. 입시 위주 교육이다. 아이들의 창의성, 재능과 끼와 개성을 살려주는 교육이 아닌, 철저히 성적 위주의 교육 시스템이다. 치열한 경쟁으로 아이들의 창의성이나 개성은 무시되고 있다. 국, 영, 수 과목 위주로 되어, 교육의 다양성을 인정하지 않는다. 성적이 우수한 아이나, 성적이 뒤떨어진 아이나 같은 교육 시스템에 따라 교육을 받게 된다.

다양성을 경험하지 못한 아이들은 나와 조금만 다르면 그 아이를 이상하게 생각해 따돌린다. 아이들에게 '꿈을 가져라. 도전정신을 가져라. 창의성을 가져라' 하면, '지금이 어느 때인데, 입시가 눈앞인데 뭔 소리 하느냐?'라며 이상한 사람 취급받는다.

4차 산업혁명 시대임에도 우리나라는 여전히 심각한 경쟁교육을 하고 있어, 아이들의 미래가 불투명해지고 있다. 아이들의 미래가 없다는 것은 나라의 미래가 없다는 것이다. 교육이 미래다. 아이들이 나라의 미래다.

PISA(국제학업 성취도 평가)는 OECD가 각국 학생들의 교육수준 평가를 위해 실시하는 시험으로, 만 열다섯 살 학생들을 대상으로 3년마다 읽기, 수학, 과학적 소양의 성취수준을 평가해 국가 간 비교, 점검한다. 우리나라는 여기에서 세계 최상위권의 성적을 자랑한다.

배운 지식과 기술을 가지고 실제 생활에서 상상력으로 '새로운 것을 만드는 능력'을 진짜 실력이라 할 수 있다. 창의력과 시험 점수는 다르다. PISA를 보면 과학과 관련된 설문지가 있다. 우리나라 아이들은 시험 점수는 좋다. 그러나 그 과목을 좋아하거나, 재미있어 하거나, 더 알고 싶어서 혼자 스스로 찾아보고 탐구하는 부분은 점수가 다 낮게 나왔다. 흥미도, 관심도, 자신감 부분에서는 최하 결과가 나온다고 한다. 우리나라 학생들이 배움의 즐거움을 느끼지 못하고, 답을 찾는 공부만 하고 있다는 안타까운 사실이다.

 반복적인 주입식 교육을 하다 보면 아이들은 창의성이 없어진다. 스스로 질문하고 자기 의견을 발표하고 하는 환경이 줄어든다. 질문하는 것도 눈치를 봐야 하는 분위기다. 입시 위주의 교육이 만들어낸 결과라 할 수 있다. 아이들이 자유롭게 토론하고 발표하는 창의적인 교육이 이루어졌으면 좋겠다.

 우리나라는 전 세계에서 가장 경쟁 교육이 심각한 나라다. 대학생 중에서 고등학교 시절에 대해 "고등학교 시절은 전쟁터다"라고 한 학생들이 많다고 한다. 전쟁터는 승자와 패자로 나뉜다. 우리 아이들이 가장 아름답고 행복해야 할 시절에 전쟁터에서 피 터지게 다른 친구와 경쟁하며 살아야 하는 것은 너무나 가혹한 현실이다. 이 혹독한 경쟁교육은 아이들이 학교에 가기 싫은 이유일 것이다.

 또, 이렇게 심한 경쟁을 이기고 대학에 들어가 사회에 나와서 사회생활을 하는 경우, 주변 사람과 정상적으로 사회생활을 잘할 수가 없다고 한다. 주변 사람과 화합하고 협력하는 관계가 아니라, 경쟁하는 교육 영향을 받아 대인 관계에 문제가 많다고 한다. 또, 주입식 교육을 받아 회사에서 창의적인 아이디어를 내고, 회사를 이끌어가는 지도력이 부족하다고 한다. 4차 산업혁

명 시대는 아이디어가 생명이다. 창의력이 없으면 안 된다. 아무리 대기업이라도 새로운 아이디어가 없으면 기업은 오래가지 못한다. 개인도 마찬가지다. 지금은 아이디어 시대. 창의적인 교육이 세계를 이끌어간다.

학교에서 치열한 경쟁을 이기고, 대학에 들어가 졸업을 하고 대기업에 취업한다. 하지만 대기업에 입사해도 1~2년 안에 사직하거나, 이직하는 사람이 대다수라고 했다. 심한 경쟁을 이기고 대기업에 들어가도 '내가 죽도록 공부해서 이런 대우를 받으려고 공부했나?' 하는 자괴감이 든다고 한다. 16년을 공부해 대기업에 들어가도 초봉이 약 200~400만 원 정도라고 한다.

청년들은 치열한 경쟁을 뚫고 대학을 나와도 취업할 곳이 없다. 미래가 없다. 앞날을 장담할 수가 없다. 현실이 암울하다. 학생들은 입시 교육에 지쳐 학교가 마냥 즐겁고 행복하지가 않다. 학교가 너무 삭막하다. 아이들의 가방이 무겁게 느껴진다. 아이들의 어깨가 무거워 보인다.

선생님 역시 선생님으로서의 어려움과 고충이 많을 것이기에 어깨가 무겁게 느껴진다. 아이와 선생님 모두가 행복한 학교가 되었으면 하는 마음이 간절하다. 창의적인 학교 교육을 통해 아이들이 자신의 기량을 마음껏 펼칠 수 있었으면 한다.

자아가 형성되고 인격 형성이 되는 청소년 시기에 아이들이 더는 실패와 좌절과 열등감으로 상처받지 않았으면 한다. 청소년기에 자신의 꿈과 미래를 설계할 수 있도록 참된 교육, 행복한 학교생활이 되었으면 하는 바람이다. 우리 아이들을 더 이상 불행하게 하는 교육이 아니라 살리는 교육, 창의적인 학교 교육이 되었으면 하는 간절한 바람이다.

학교가 행복해야 아이들이 행복하다. 선생님이 행복해야 아이들이 행복하다. 가정이 행복해야 아이들이 행복하다. 학업에 지친 우리 아이들을 가정에서 엄마와 아빠가 따뜻한 사랑으로 품어주고 위로하고 격려해주었으면 한다.

4장

아이의 생각을 인정해주어라

아이의 생각을 인정해주어라

　인간은 태어나면서부터 사랑받기를 원한다. 아기는 태어나면서부터 본능적으로 어미의 젖을 찾는다. 아기는 어미의 젖을 먹고 엄마와의 접촉을 통해 만족을 얻으며, '엄마의 사랑을 받고 있구나!' 하고 안정감을 느낀다. 아이는 자신이 부모에게 버려지지 않을까 늘 불안하다. 조금만 부모가 안 보이거나 부모의 관심을 받지 못하면 아이는 불안해한다. 그래서 아이는 종종 울음으로 자신의 존재를 나타내고 엄마의 보호와 인정을 확인한다.

　인간은 불완전하게 태어났다. 부모의 절대적인 보호와 보살핌 없이는 살 수 없다. 부모의 도움과 사랑을 받고 살아야 하는 존재다. 인간은 사랑받고 인정받기 위해 태어났다. 그러므로 아이들은 절대적인 부모의 사랑과 인정을 받고 사는 존재다. 부모의 칭찬과 격려를 받고 살아야 건강하게 자라난다.

아이가 학교에서 받아쓰기 100점을 받아오면, 엄마는 기뻐하며 칭찬한다. 아이는 엄마에게 칭찬과 인정을 받음으로써 비로소 자신의 존재를 확인한다. 엄마의 사랑을 받기를 바라는 아이는 '다음에도 받아쓰기를 잘하면 엄마가 나를 좋아하겠지! 엄마의 관심을 받아야지!'라고 생각하며 노력한다. 아이는 늘 엄마의 관심과 사랑을 갈망한다. 그 욕구가 채워지지 않으면 아이는 불안하다. 어떤 아이는 산만해지고 집중을 잘 못하는 경우도 있다.

사람은 본래 천성이 있다. 타고난 기질은 바꿀 수가 없다. 아이의 성향과 기질을 잘 알고, 그 기질을 인정해주면서 아이에게 맞는 육아를 해야 한다. 노벨상 수상자의 23%, 아이비리그 입학생의 30%를 차지하는 유대인들은 아이가 가진 기질에 맞게 교육한다. 양육 환경이 중요하지 않다는 말이 아니다. 단지, 밑바탕에 아이의 기질에 대한 이해가 선행되어야 한다는 것이다. 아이의 성격 유형을 알고, 그에 맞는 육아를 해야 한다.

유대인 엄마는 아이가 어려서부터 《탈무드》를 가르친다고 한다. 아이에게 '강한 자아'를 가르친다. 어떠한 어려움에도 좌절하지 않고 끝까지 견디며 그 장애를 극복해 스스로 창조하는 창의력 있는 아이로 양육한다. 아이를 있는 그대로 인정하고 존중한다. 유대인 교육은 엄마로부터 시작된다. 엄마가 변해야 아이도 변한다. 엄마가 아이의 창의력을 제한하지 말고 발견해 지지해주어야 한다.

교육 환경이나 학교를 탓하기 전에 먼저 엄마가 아이를 인정하고 존중해주어야 한다. 아이에게 너무 많은 것을 주입시키려 하지 말고, 아이의 생각을 존중해주고, 창의력을 길러 주어야 한다. 아이의 말을 들어주고, 틀린 것이 아니라 다름을 인정해주고, 격려와 칭찬으로 아이를 지지해주어야 한다. 숫자 하나, 영어 단어 하나 더 아는 것이 중요한 것이 아니다. 아이가 무엇을 원하는지, 아이의 특성이 무엇인지 아이와 대화하고 아이를 인정해주어 자존감을 높여주어야 한다. 가정에서의 교육이 제일 중요하다.

누가 우리 아이들을 인정해줄 것인가? 우리 아이들을 인정해 줄 곳은 어디에도 없다. 아이들은 학교에서도, 학원에서도 경쟁을 하게 된다. 그렇게 한 경쟁으로 가정에서는 다른 친구의 시험 점수와 비교를 당하기도 한다. 이렇듯 비교하고 무시하면 우리 아이는 어디에서 인정을 받을 것인가?

아이들은 갈 곳이 없다. 아이들은 학교에서도, 가정에서도 설

자리가 없다. 내 아이를 사지로 내몰지 말자. 사회구조가 어떻든 간에 가정에서 우리 아이를 따뜻하게 안아주고 보듬어주자. 위로하고 격려해주자.

가정에서 엄마, 아빠의 인정을 경험해보지 못한 아이는 자라면서도 늘 누군가에게 인정받기를 갈망한다. 하지만 그 인정 욕구가 부모로부터 채워지지 못하면, 다른 사람으로부터 인정받았다 하더라도 채워지지 못한 불만이 내재되어 있어 쭉 영향을 준다.

우리는 늘 부모님에게서 '어른들 말씀을 잘 들어라', '선생님 말씀을 잘 들어라', '착하게 살아라', '공부 열심히 해라'라는 말을 듣고 자랐다. 그 말은 '시키는 대로 잘해라'라는 의미다. '남의 말을 잘 들어라' 이런 말과 행동이 우리 아이를 창의력 없는 아이로 만든다. 그저 시키는 대로 하다 보면 자신이 없어지고 남의 눈치를 보게 된다. 남의 마음에 들어야 하기에 눈치를 보게 되는 것이다. 창의적으로 스스로 생각하고 연구하며 탐구하는 것이 아닌 수동적인 삶을 살게 된다.

나도 어릴 때 착하다는 말을 많이 듣고 살았다. 그래서 착하게 살아야 하는 줄 알았다. 시키는 대로 하면 되는 줄 알았다. 그렇게 살다 보니 자신감이 없고 자존감이 낮았다. 늘 착한 아이 이름표를 달고 살다 보니 용기가 부족했다. 내가 원하는 것이 있어도 말을 하지 못했다. 하지만 어른이 되면 스스로 선택하고 결정해야 한다. 수동적으로 자라게 되면 어려운 문제가 생겼을 때, 스스로 문제를 해결하고 결정하는 능력이 부족하다.

그러나 나의 아버지는 그런 나에게도 "너는 무엇이나 다 잘할 수 있다. 너는 무엇이나 다 극복할 수 있다"라고 하셨다. 나를 믿어주고, 인정해주며, 힘과 용기를 주셨다. 그 한마디는 나에게 큰 힘이 되었다. 어떤 어려움이 생기거나 힘든 일이 있어도 '그래, 나는 모든 것을 다 잘할 수 있다고 했지! 맞아, 나는 할 수 있어!' 그러면 어느 순간 나는 할 수 있는 사람이 되었고, 내가 할 수 있는 것을 찾게 되었다. '내가 할 수 있는 것이 무엇일까? 무엇을 해야 할까?' 생각하다 보니 문제 해결 능력이 생기게 되었다.

누군가가 나를 인정해주고 믿어주는 것은 엄청난 힘이 된다. 아무리 어려운 일이 있어도 이겨내고 극복할 힘이 된다. 에디슨(Edison)은 어릴 때 학교 선생님으로부터 문제아로 낙인이 찍혔다. 그러나 그의 어머니는 계속 그를 인정하고 믿어주었다. 부모님의 말씀 한마디에 아이의 미래가 달려 있다. 우리 아이들은 부모로부터 칭찬과 인정을 받고 싶어 한다. 학교에 가면 선생님의 칭찬을 받고 싶어 한다. 사람은 누구나 남에게 인정받지 못하면 자신을 가치 없는 사람으로 여기고 부족한 사람처럼 행동하게 된다.

　아이가 인생의 주인공으로 당당히 이 세상에서 선한 영향력을 주면서 살아갈 수 있도록 가정에서 부모님이 아이를 한 인격체로 인정해주고 존중해주어야 한다.

아이에게 결정권을 주어라

사람은 살아가면서 의사 결정을 해야 할 때가 많다. 하루에도 많은 결정을 해야 한다. '아침에 일어나면 오늘은 어떤 일을 해야 할까? 무엇을 먼저 해야 할까? 오늘은 무슨 옷을 입을까?' 등 우리는 매 순간 선택하고 결정하며 살아간다.

집안일을 할 때 아이에게 의사 결정권을 주자. 엄마, 아빠가 결정해놓고 "너희들은 어리니까 무조건 따라와" 하는 것이 아니라 "이번에 우리 집에 성현이 침대를 바꾸려고 하는데, 성현이는 어떤 침대를 하면 좋을 것 같니?" 하고 아이의 의견을 물어봐주자.

아이들도 자기의 생각이 있다. 아이의 생각을 반영해주고 인정해주자. 아이 방의 벽지를 바꿀 때도 아이에게 의견을 물으면 아이들은 상상의 나래를 펼칠 것이다. "엄마, 나는 이런 모양이었으면 좋겠어"라며, 어떤 때에는 어른이 생각지 못한 것을 생각해내기도 한다. 아이들은 기발한 창의력을 가지고 있다.

내가 알고 있던 아저씨는 집을 지을 때부터 아이들을 위한 집을 지었다. 그 집 둘째 아이에게 약간의 장애가 있었기에 오직 아이를 위한 구조로 설계했다. 둘째 아이 방을 안방처럼 크게 잡아서 화장실도 넣고, 아이가 바깥을 볼 수 있도록 창문도 크게 만든 것을 보고 큰 감명을 받았다.

아이가 말을 잘 못해도 언제나 아이의 의견을 물어보고 그대로 반영해주었다. 아침에 일어나면 "오늘은 날씨가 좋네", "오늘은 바람이 부네" 하며 일일이 아이에게 말을 한다. 아이에게 늘 "이건 어떠니? 무얼 먹고 싶어?"라며 물어본다. 정말 아이를 사랑하시는 분이다.

요즘은 아이들의 의사 결정에 대한 부모의 인식이 높아지고 있다. 특히, 자녀들을 한 인격체로 여기고, 아이들에게도 존댓말을 쓰기도 한다. 아이들의 이야기를 들어주고, 그들의 의견을 반영해주는 등 아이의 의사 존중 교육이 중시되고 있다.

아이들은 자기 의사가 존중될 때 행복감을 느낀다고 한다. 의사 결정권은 인간의 기본적인 권리다. 의사 결정권은 인간의 자율성을 추구하는 데 그 기반을 두고 있다. 자신이 지지하는 것에 최우선을 두고 이를 성취하기 위해 스스로 행동하는 자발적 능력이다. 아이 스스로 선택하고 결정하는 것에 대한 책임도 자신에게 있음을 알게 해야 한다.

아이가 스스로 결정하게 하는 것은 어른이 되어서도 자기 주체적으로 결정하고, 자기 주도적인 삶을 살 수 있도록 하는 데 큰 도움이 될 것이다. 자기 결정권이 높은 아이는 자기 존중감이 높은 아이로 나타난다. 그런 아이들은 삶을 긍정적이고 적극적인 자세로 살아가게 된다.

아이에게 결정권을 준다는 것은 아이도 하나의 인격체로 여긴다는 뜻이다. 항상 아이의 의견을 존중할 수는 없지만, 부모가 자녀의 보호자로서 자녀와 관련 있는 의사 결정을 할 때 부모가 단독으로 결정하지 않아야 한다. 아이 생각도 의사 결정에 중요한 의미가 있음을 아이 자신도 알아야 한다. "오늘 우리 가족 외식을 하려고 하는데 괜찮겠니? 수호는 어디로 갔으면 좋겠어? 먹고 싶은 것 있으면 말해봐" 하고 아이의 의견을 물어보고, 아이의 결정권을 인정해준다.

반드시 아이의 의견대로 결정해야 하는 것은 아니다. 아이에게 결정권을 주고, 타협하고 협상하는 과정 자체가 나와 타인의 의견을 이해하고 배우는 과정이다. 아이가 결정권을 가진 하나의 인격체로서 존중받고 있음을 느끼게 해주어야 한다. 아이의 의사와 권리를 인정하는 것이다.

자기 결정권을 경험한 아이는 올바른 선택을 하고 판단하며, 결정할 수 있는 능력이 생긴다. 또한, 자기 선택에 대한 책임감이 강해져 자기 주도적인 아이로 자란다. 아이에게 결정권을 부여하면서 양육한다는 것은 비록 자녀가 어리고 성숙하지 못하다 하더라도 아이의 생각과 의사 결정에 귀 기울여주는 것이다. 아이들은 부모가 생각하는 것보다 중요한 결정도 할 수 있는 능력을 지닌 존재다.

"다 너를 위해서 하는 거야. 그냥 하라는 대로 해"라고 말하며 강요하고, 아이가 따르지 않으면 화를 내고 소리 지르는 어른들도 있다. 자녀들을 대신해서 온갖 결정을 대리하는 부모도 있다. 심지어 대학 등의 진로도 아이가 아닌, 부모의 결정으로 정해지는 웃지 못할 일이 일어나는 경우가 있다.

가정에서 온 가족이 중대한 결정을 할 때 가족 구성원인 아이에게도 의사 결정권을 주어 자기 의견을 내고 가족의 일원으로 가족회의에 참여하게 하자. 그리고 가족회의에서 결정한 사항은 가족 구성원이 함께 협력해서 지켜나가야 한다.

가정에서 의사 결정을 몸소 배운 아이는 어디에서든 자신의 의견을 자신감 있게 나타낼 수 있다. 아이들이 자기 삶의 주인공으로 당당하게 살기를 원한다면, 스스로 결정하고 판단하는 경험을 가정에서 할 수 있도록 하는 것이 중요하다.

사람은 하루에도 수많은 의사 결정을 하며 살아간다. 의사 결정은 쉬운 것 같으면서도 어렵다. 우리는 때로 '이것을 할까? 저것을 해야 할까?' 고민을 많이 한다. 자신의 의사 결정을 남에게 물어보는 경우도 있다. 어려서부터 의사 결정을 하는 훈련이 잘되어 있는 사람은 어떤 상황에서도 자신의 의사를 분명히 한다. 그러나 훈련이 되어 있지 않은 사람은 늘 고민을 하게 되고, 그 결정에 후회하기도 한다.

순간의 선택이 인생을 좌우할 때도 있고, 때로는 민첩하게 의사를 결정해야 할 때도 있다. 아이들에게도 중요한 결정의 순간이 있다. 입시, 진로 학교의 선택은 아이의 장래가 걸려 있는 중요한 결정이다. 그럴 때 어떻게 해야 할지 몰라 방황하는 아이들을 많이 보게 된다. 선생님과 상담하고 부모님과도 상의하지만, 결국, 선택은 본인의 몫이다. 그 누구도 대신할 수 없다. 부모나 선생님에게 조언을 받을 수는 있지만, 선택에 의한 결정이나 책임은 오로지 자신에게 있다.

　부모는 인생에서 가장 중요한 의사 결정을 정확하게 할 수 있는 아이로 자랄 수 있도록 도와주어야 한다.

아이를 많이 안아주어라

우리 아이가 어릴 때 나는 먹고살기가 바빠서 아이를 어떻게 키웠는지도 모르게 키웠다. 지금에 와서 생각해보니 너무 잘못한 것이 많다. 아이를 더 많이 안아주며 사랑한다고 말해주지 못한 게 아쉬움이 남는다. 그러나 지나간 것은 후회해도 소용이 없다.

엄마들이 아이를 더 많이 안아주고 사랑해주었으면 한다. 나같이 후회하는 엄마들이 없었으면 한다. 아기는 엄마 품에 안겨 엄마의 젖을 빨면서 엄마와 눈을 맞추며 엄마의 심장 소리를 들어야 건강하게 자라게 된다. 아이들은 엄마의 품 안에 있을 때 가장 편안하고 행복하다고 한다.

신생아는 태어날 때, 엄마의 몸속에서 세상이라는 곳에 혼자 떨어졌다고 생각해 극도의 불안을 느낀다. 이때, 엄마가 꼭 안아주면 아이는 엄마에 대한 신뢰감을 가지게 된다. 3개월 이전의 아기들은 많이 안아주는 것이 좋다. 아기를 자주 안아주어 사랑을 표현해주어야 한다. 아기를 많이 안아줄수록 아이는 엄마와의 '애착 관계'를 형성해 심리적 안정을 찾게 되고, 이는 성장에 도움을 준다.

유치원에 다니던 지아는 엄마 말을 안 듣고 TV만 봤다. 엄마가 몇 번이나 TV를 끄라고 해도 들은 척도 하지 않아 결국 화가 난 엄마가 TV를 강제로 껐다. 그러면 지아는 짜증을 내고 떼를 쓰기 시작한다. 엄마는 지아를 야단쳤고, 결국, 지아는 울다가 잠이 들었다. 요즘 지아는 엄마 말을 안 듣는 미운 일곱 살이다. 매일 지아와 엄마의 실랑이가 벌어진다.

지아 엄마는 직장에 다니고 있다. 아이가 유치원과 학원을 갔다 오면 30분만 TV를 볼 수 있다고 정해둬도 아이는 한번 TV를 보면 그대로 빠져 숙제도 하지 않는다. 그래서 요즘 지아와 엄마는 팽팽하게 대립 중이다. 아이는 아이대로, 엄마는 엄마대로 스트레스를 받고 있다. 서로 한 치의 양보도 없다. 지아는 TV를 못 보게 하면 할수록 더 TV에 집착했고, 엄마는 결국, TV 리모컨을 없애버렸다.

다음 날 지아가 TV 리모컨을 찾으며 울자, 지아 엄마는 "TV 보고 싶지? 그럼 먼저 숙제를 하고 책 한 권 읽으면, 그다음엔 지아가 좋아하는 TV를 볼 수 있게 해줄게. 그렇게 할래? 대신 1시간 이상은 안 된다. 알았지?"라며 아이와 합의를 봤다.

그 후, "지아야 이리 와" 하고 엄마는 지아를 꼭 안아주고 뽀뽀해주었다. "지아야, 엄마가 지아 사랑하는 것 알지?" 하며 사랑을 표현했다. 지아도 "엄마 사랑해"라고 말하며 서로의 사랑을 확인했다. 지아는 엄마의 관심을 받고 싶어서 엄마가 싫어하는 TV에 집착하게 된 것이다. 그런 아이의 마음을 엄마가 알고 이해해줌으로써 아이와 엄마 사이는 사랑으로 채워진 것이다.

아이를 자주 안아주고 아이에게 사랑을 표현해주며 아이의 의견에 공감해주어야 한다. 또 아이가 자신의 행동이 잘못되었다는 것을 깨달을 수 있게 적절한 훈육을 통해 아이를 올바르게 이끌어주어야 한다. 아이의 성격과 기질을 알고 아이를 양육해야 한다. 아이가 고집을 부리면 정확한 규칙을 정해 일관성 있는 양육을 해야 한다.

지금 지아는 잘 자라 초등학교 5학년이 되었다. 책을 많이 읽고 독후감을 잘 써서 학교에서 상을 받았다고 한다. 아이를 안아주고, 사랑해줄 때 아이는 자신이 사랑을 받고 있음을 느껴 안정을 찾고 잘 성장할 수 있다. 만약 아이가 어떤 문제를 보인다면 그것에는 반드시 원인이 있다. 그 원인이 무엇인지 아이와의 대화를 통해 찾아야 한다.

아이의 마음을 알고, 아이의 마음을 읽을 수 있어야 한다. 아이를 다그치지 말고, 아이의 눈높이에서 문제 해결의 실마리를 찾아야 한다. 엄마는 아이에게 말이 아닌, 행동으로 표현해야 한다. 아이는 엄마가 사랑을 표현해야 자신이 사랑받는 존재임을 알게 된다. 꼭 안아주고 사랑을 표현해주어야 한다.

아기 때는 엄마가 자주 안아주고 뽀뽀도 매일 해주지만, 커갈수록 아이들에게 조금 소홀해질 수 있다. 하지만 아이들은 늘 엄마의 사랑을 바란다. 아이들을 자주 안아주고 사랑을 표현해주어야 한다.

학교 점심시간이 되어 아이들이 급식을 먹으러 1층 식당으로 내려오면, 나는 종종 아이들에게 인사하면서 짧은 대화를 한다. 그때 몇몇 아이들과 이야기를 하면서 아이들을 안아주기도 했다. "○○는 표정이 밝아서 예쁘다"라는 칭찬도 잊지 않는다. 어떤 아이들에게는 "기가 많이 깄네"라고 하면 그렇게 기뻐할 수가 없다. 아이가 "감사합니다" 하며 인사한다. 자기에게 관심 가져준다는 것에 아이는 기분이 좋아서 이후에는 나를 보기만 하면 인사를 깍듯이 한다.

안아주기는 '사랑의 표현'이다. 안아주기는 '사랑의 척도'다. 사랑하면 할수록 더 많이 안아주는 법이다. 안아주기는 모든 것을 덮어준다. 안아주기는 '무언의 대화'다. 안아주기는 나는 너를 믿는다는 말의 표현이다.

하지만 우리는 아이들을 안아주는 것에 너무 인색하다. 어떤 말로도 위로할 수 없을 때 말없이 내 아이를 꼭 안아주자. 그러면, 아이는 엄마가 자신을 사랑한다는 것을 알게 된다. 아이가 너무 슬퍼할 때도, 기뻐할 때도 안아주자. 아이들이 지쳐 있으면 "힘들었구나" 하고 꼭 안아주자.

> "꼭 안아줄래요.
> 내 친구 아픈 마음을
> 내가 속상할 때
> 누군가 그랬던 것처럼
> 친구의 잘못은
> 따뜻한 용서로 안아주고
> 친구의 실수도
> 이해로 안아줄래요."
> (중략)

제26회 KBS 창작 동요제 대상곡인 〈꼭 안아줄래요〉라는 동요의 노랫말이다. 노래가 좋아서 계속 듣게 되었다. 누구든지 세상을 살면서 한 번은 다 상처를 받고 살아간다. 아픈 상처를 사랑으로 안아주자. 아이를 많이 안아주자. 우리 아이가 행복한 안아주기의 주인공이 되었으면 하는 마음이다.

아이를 많이
위로해주어라

사람은 위로하기도 하고 또 위로를 받기도 한다. 따뜻한 위로의 말 한마디는 누군가에게 큰 힘이 된다. 특히, 아이들에게 부모의 위로는 절대적이다. 지금 세상은 누구든지 위로가 필요하다. 어른은 어른대로 위로가 필요하고, 아이는 아이대로 위로가 필요하다. 이 세상에서 위로가 필요 없는 사람은 없을 것이다.

요즘 아이들은 고민이 많다. 얼마 전, 학교에서 '마음약국'이라는 제목으로 아이들의 고민을 상담하는 프로그램을 진행했다. 아이들이 너도나도 고민 상담소에 몰려왔다. 사소한 고민에서부터 장래에 이르기까지 아이들 나름대로 고민이 많았다.

아이나 어른 상관없이 우리는 매일 고민 속에서 살아가고 있다고 해도 과언이 아닐 것이다. 자기가 처한 환경과 상황에 따라 고민도 여러 가지다. 지영이는 아침에 일어나 준비해서 학교에 가는 것을 굉장히 힘들어한다. 양치하러 화장실에 가면 30분이다. 가방 정리하는 데만 또 30분이 걸린다. 엄마는 빨리하라고 성화지만, 지영이의 동작은 느리기만 하다. 지영이 엄마는 속이 터진다. 아이를 학교에 보내기가 너무 힘들다고 하소연을 한다.

지영이는 학교에 가는 걸음이 무겁기만 하다. 고개를 푹 숙이고 학교로 터벅터벅 발걸음을 옮긴다. 아이가 힘들어 보였다. 오후에 학교에 갔다가 오는 지영이를 만났다. 지영이를 아이스크림 가게에 데리고 가서 원하는 아이스크림을 고르게 한 후, 함께 대화를 시작했다.

"지영아, 아침에 학교 지각하지 않았니?"
"네."
"아침에 일찍 일어나 학교 가는 것 힘들지?"
"네, 힘들어요".
"그렇구나! 힘들구나!"
"그런데 엄마가 자꾸 빨리하리고 뭐라 해요."
"그래, 그렇지. 엄마가 그랬구나. 그래서 지영이가 힘들었구나! 지영아, 그런데 학교에 몇 시까지 가야 하지? 9시까지 가야 하지? 그럼 지영이가 천천히 하면 9시까지 갈 수 있어? 못 가겠지? 엄마는 지영이가 학교 지각할까 봐 그러시는 거야. 내일부터는 조금 일찍 자고 10분만 일찍 준비해서 학교 가자. 10분만 일찍 가는 거다. 이모하고 약속했어."

"네."

"이모가 아이스크림 또 사줄게. 아이스크림 먹고 힘내자."

아이와 대화를 나눈 뒤 꼭 안아주고 위로해주었다. 아이는 얼굴이 환해지면서 학원으로 뛰어갔다.

아이는 부모에게 사랑받고 있다는 것을 느끼고, 자신의 존재를 인정받기 원한다. 아이에게는 엄마의 따뜻한 위로가 필요하다. 영어, 수학, 피아노, 미술이 중요한 것이 아니라. 엄마와 소통이 필요하다. 아이는 엄마가 자기 마음을 좀 알아주었으면 한다.

그러나 엄마는 아이를 인정하지 않는다. 엄마가 "다른 아이들도 다 이렇게 해. 너만 이렇게 하는 것 아니야. 지금 기초를 배워야 3학년 올라가면 다른 아이들을 따라가지. 지금 해도 될까, 말까인데 무슨 소리야?"라고 말하니, 아이는 힘이 들어도 엄마에게 말을 할 수가 없다.

그러니 의욕이 없다. 아침에 학교에 가는 것이 기쁘고 즐겁지가 않다. 자꾸 다른 것에 신경 쓰다 보니 시간만 지체되고, 엄마의 성화에 못 이겨 겨우 학교에 가고 학원에 간다. 엄마의 지나친 욕심이 아이를 힘들게 한다. 아이는 마음껏 놀고 싶다. 엄마와 즐겁게 보내고 싶다. 하지만 엄마는 늘 공부하라고만 하니 아이는 힘이 든다.

아이가 자라면서 엄마의 위로와 격려, 칭찬을 받아야 밝게 자랄 수 있다. 하지만 과도한 학습으로 아이는 부담을 안고 학교에 다니다 보니 어깨가 축 늘어져 있다.

지영이와 같은 아이들이 많을 것이다. 아이가 가정에서 엄마의 위로를 받지 못하면, 누가 우리 아이를 위로해줄 것인가? 학교에서 선생님이 위로해줄 것인가? 친구들이 위로해줄 것인가? 우리 아이를 위로해줄 곳은 오직 가정뿐이다. 부모가 위로해주고 사랑해주어야 한다.

공부보다는 정서적인 발달이 먼저다. 아이의 마음을 읽어주고 "힘들었구나!" 하고 안아주고 위로해주어야 한다. 부모가 진심으로 아이의 말을 들어줄 때, 아이는 부모를 신뢰하게 될 것이다. 부모의 진심은 아이를 변하게 만들어주는 계기가 될 것이다. 아이에게 공감해주고, 마음을 전해야 한다. 아이는 자신이 얼마나 소중한 존재인지를 깨닫게 될 때 공부하라고 하지 않아도 공부하게 될 것이다.

우리 아이들에게 어떤 위로의 말이 필요할까?
"네가 이 세상에 태어나서 엄마는 얼마나 기뻤는지 모른단다."
"그동안 힘들었지? 엄마가 마음을 몰라 주어서 미안해."
"난 너의 모습 그대로를 사랑해."
"네가 엄마 딸이라는 그것 하나만으로도 충분히 엄마는 행복해."
"이 세상에서 네가 제일 소중해. 괜찮아, 걱정하지 마. 다 잘될 거야."
"언제나 네 곁에는 엄마 아빠가 있다는 걸 기억해."
"우리 집 보배는 너라는 것 알지?"

이렇게 위로해준다면 아이의 자존감이 높아져서 할 수 있다는 자신감을 가지고, 적극적인 자세로 자신의 앞날을 개척하면서 할 일을 하게 될 것이다.

인간의 뇌는 자신이 할 수 있다고 생각하고, 그것을 믿고 행동하면 그대로 된다고 한다. 아이들이 부정적인 사고에서 벗어나 긍정적인 아이로 자랄 수 있도록 가정에서 부모님이 긍정적인 말로 위로해주어야 한다. 참된 위로야말로 아이를 소생시킬 수 있다. 지금 우리 아이가 응급상황에 놓여 있지는 않은지 돌아봐야 한다.

만약 아이의 마음이 응급상황에 있다면, 빨리 위로의 산소 호흡기로 죽어가는 아이를 살려야 한다. '위로는 아이를 살리는 산소 호흡기'와 같다고 할 수 있다. 위로의 심폐 소생술로 아이를 위험으로부터 구해내야 할 것이다. 지금 우리 아이에게는 그 무엇보다 부모의 따뜻한 위로가 필요하다.

아이를 많이 사랑해주어라

우리는 오로지 사랑을 함으로써 사랑을 배울 수 있다.

– 아이리스 머독(Iris Murdoch)

부모는 아이를 위해서라면 자기 생명도 아랑곳하지 않고 불속이라도 뛰어들어 아이를 구하려고 한다. 그런데 아이를 너무 사랑함에도 어떻게 사랑을 표현해야 할지 방법을 잘 모르는 분이 많다. 부모님은 아이에 대해서 잘 알고 있지만, 아이를 양육하다 보면, 아이들에게 종종 문제가 생기기도 한다. 아이들에게 순간순간 문제가 발생하면, 왜 그런지도 모르고 어떻게 해야 할지 몰라 불안하다.

지인의 아이는 어렵게 생겼음에도 뇌성 마비로 태어났다. 아이는 아무것도 할 줄 몰라 모든 것을 부모가 해주어야 했다. 두 분이 병원과 집을 왔다 갔다 하며 정성껏 아이를 돌봤다. 부모는 아이를 위해서 장애와 복지에 관심을 두고 공부했다. 그렇게 나중에 복지관에서 근무하게 되었고, 아이도 복지관에서 생활하게 되었다.

비록, 아이에게 장애가 있었지만, 두 분은 정말 아이를 사랑하셨다. 아이는 천사처럼 해맑았다. 아이 엄마와 아빠는 "천사 같은 수진이를 우리 가정에 보내주셔서 하나님께 감사하다"라고 했다. 언제나 웃음을 잃지 않고 기쁨으로 기꺼이 아이를 위해 생명을 다해 헌신하는 이들 부부의 모습을 보며, 나는 부모로서 부족함을 느꼈다. 그리고 '아이에 대해 너무 많은 것을 요구하고, 많은 것을 욕심을 내었구나!' 하고 반성했다.

부모님은 대단하다. 부모의 사랑은 무엇과도 바꿀 수 없는 숭고한 사랑, 그 자체다. 그런데 마음과는 달리 현실 육아는 생각만큼 쉽지 않다. '나도 수진이의 엄마, 아빠처럼 사랑으로 아이들을 돌봐야지' 결심했지만, 일주일도 안 되어서 아이에게 화를 내었다. 그 당시, 나는 조카 두 명과 우리 아이까지 세 명의 아이를 돌보고 있었다. 조카 아이는 아직 어리고, 그때 우리 아이는 일곱 살이기에 한참 개구쟁이 짓을 할 때였다.

조카 아이에게 관심을 가지고 자신에게 엄마가 소홀하니 아이가 심통이 나서 조카 아이와 놀다가 다투는 일이 있었다. 그러면 또 나는 "네가 오빠고 형이니까 양보해야지!" 하고 우리 아이만 나무라니 아이는 자기 마음을 몰라주는 엄마가 미웠는지 장난감을 던졌다.

지금 생각해보니 그때는 나도 마음의 여유가 없었다. 생활하기 힘들어 아이를 너그럽게 용서하는 마음이 부족했다. 사랑하는 마음으로 안아주고 다독이지 못했다. 아이에게 미안하다. 그래도 잘 자라준 아들이 너무나 고맙고 대견하다.

엄마들에게 무엇이 제일 어려운지 질문하면, 이구동성으로 '육아'라고 말한다. '어떻게 하면 내 아이를 행복하게 사랑으로 양육할 수 있을까?', '어떻게 잘 키울까?' 엄마들의 고민이 많다. 코로나 같은 예상치 못한 상황에서 아이들이 밖에 나가지도 못하고, 집에서 생활하다 보니 더욱 당황스럽고 불안하다.
가족끼리 서로 부딪칠 때가 많아지고, 서로 스트레스를 받게 된다. 스트레스를 받게 되면 아이들은 신경질적으로 변한다. 아이들이 참을성이 없어지고 화를 잘 낸다.

어떤 상황에서든지 부모는 부모의 위치에서 자신의 역할을 충실히 감당해야 한다. 부모로서 아이에게 충분히 사랑을 주고, 아이의 문제점을 찾아 해결해주어야 한다. 부모도 때로는 사람인지라 화도 나고 아이의 미래를 생각하면 불안할 것이다. 또한, 부모로서 부족함을 느끼게 되기도 한다.

아이를 사랑해주고 싶은데 생각과는 정반대로 행동할 때가 있다. 때로는 감정이 격해지고 흥분되어 생각하지도 못한 말이 쏟아져 나올 때도 있다. 후회도 하고 자책도 해본다. 실수도 하고 시행착오도 한다.

그래도 아이의 엄마다. 부모다. 부모는 강하다. 다시 마음을 다잡고 아이를 생각하며 다시 일어서보자.

우리 엄마들은 아이들을 먹이랴, 입히랴, 공부시키랴, 일하랴, 너무 바쁘다. 그러나 잠깐 집안일 하는 손을 멈추고, 아이와 눈을 맞추며 아이의 손을 잡고, 아이의 목소리를 들으며 아이와 10분이라도 웃으며 사랑을 나누어봤으면 한다.

아이는 부모의 사랑으로 성장한다. 아이들이 바라는 것은 큰 것이 아니다. 아이들은 부모의 관심과 사랑을 원한다. 아이들은 부모와 함께하는 것을 원한다. 부모는 아이들에게 좋은 옷을 입히고, 좋은 것을 먹이며, 좋은 학원에 보내는 등, 부족함 없이 해주는 것이 아이를 위한 최선의 길이라고 생각한다. 그래서 부모들은 아이들을 위해 한 푼이라도 더 벌기 위해 밤낮없이 노력한다.

그러나 아이들은 그렇게 생각하지 않는다. 아이들은 그 무엇보다 부모의 사랑을 원한다. 아이 자신이 사랑받고 있는 존재라는 것을 느낄 때 아이들은 가장 행복하고, 자신의 존재 의미를 느낀다. 물질적인 풍요보다 사랑이 우선이다.

내가 돌보던 세 살 아이 해리의 아빠가 항상 늦게 퇴근하고 이른 시간에 출근했다. 해리는 아침에 눈을 뜨자마자 아빠를 크게 부르며 아빠 방으로 직행한다. 해리는 열혈 아빠 팬이다. 아빠와 같이 있는 시간보다 엄마와 함께하는 시간이 많음에도 해리는 엄마보다 아빠를 더 좋아한다. 해리 아빠는 해리를 자주는 못 봐도 해리를 마음껏 사랑해준다.

그러나 해리 엄마는 "해리야, 이것 하지 마", "그만 울어", "조용히 해" 하고 아이에게 못하게 하는 것이 많다. 또 시키는 것이 많다. 아이는 엄마의 요구에 따라서 이것도 해야 하고, 저것도 해야 한다. 세 살 아이가 영어, 한글, 동화책 읽기뿐만 아니라 요일별로 놀이 학습을 한다. 아이는 마음껏 놀고 싶은데, 엄마가 이것저것 시키니 힘들다. 피곤하고 잠도 오니 짜증도 낸다. 그러면 그러지 말라는 엄마와 실랑이를 하게 된다.

해리 엄마는 해리를 사랑해서 한 행동임에도, 아이에게는 부담으로 다가왔기에, 아이는 아무것도 원하지 않고 그저 사랑만

해주는 아빠를 더 좋아한다. 우리 아이가 바라는 것은 오직 부모님의 사랑이다. 진심으로 아이의 마음을 알아주고 공감해주며 함께 놀아주고 사랑해주면 아이들은 부모의 사랑으로 건강하게 성장해나갈 것이다. 부모의 사랑의 빛으로 아이들은 밝게 자라나게 될 것이다. 아이에게는 부모의 사랑이 최고다. 아이를 많이 사랑해주자.

아이의 눈높이에서 바라보라

아이들은 태어나면 바로 볼 수 있는 것이 아니라 1개월 후부터 서서히 시각이 생긴다고 한다. 그렇게 생후 6개월이 지나면 색을 구별할 수 있다고 한다. '눈은 마음의 거울'이다. 사랑하는 사람은 눈을 보고 대화한다. '눈 맞춤'은 사랑의 대화 중에서 최고다.

아이와 대화하려면 아이의 시선에서 아이와 키 높이를 맞춰야 한다. 어른의 관점에서 내려와 아이의 관점으로 바라봐야 한다. 관점을 바꾸지 않으면 아이와 대화할 수 없다. 눈도 머리도 마음도 숙이고 낮아져야 한다. 어린아이 같은 마음으로 아이를 봐야 비로소 아이와 대화할 수 있다.

아이들에게는 아이들만의 세상이 있다. 아이들은 자신의 세계에서 자신이 보고, 생각하는 것이 다인 줄 안다. 자신이 생각하는 것이 옳다고 생각한다. 자신만의 세계에서 다른 사람도 자기처럼 생각하는 줄 안다. 어른들의 안목으로 보면 이해가 안 되는 일일 수도 있다. 그러나 아이들의 시선에서 보면 틀린 것이 아니다.

그래서 아이들의 세계를 이해하려는 어른들의 노력이 필요하다. 아이들에게도 아이들의 생각이 있다. 아이들의 말에 귀를 기울여 들어주어야 한다. 아이들은 자라면서 자신만의 가치관이 생긴다. 자라나는 아이들의 말을 귀담아 들어주고 공감해 줄 때, 아이들은 부모에게 자신이 가지고 있는 생각을 이야기할 수 있다.

우리나라의 중학생 이상 아이들 약 90%가 부모에게 자신의 속마음을 털어놓지 않는다고 한다. 아이들이 고민이 있어도 부모에게 말을 하지 못한다. 고민을 말할 분위기가 안 되기 때문이다. 고민을 말해도 무시되기 일쑤다.

부모는 아이들이 집에 오면 늘 아이들에게 "공부해라", "말도 안 되는 소리 하지 마라"와 같은 말만 하기에 아이들은 마음에 상처를 입고, 부모와의 대화를 피하게 된다. 아이들의 눈높이에서 아이들을 대하지 않으면 아이들은 부모와 잘 대화하려고 하지 않는다.

가정에서 아이들과 자주 대화하고 소통하려면 부모의 의견을 아이에게 일방적으로 주장해서는 안 된다. 원활한 소통을 위한 대화의 시간을 마련해서 아이의 의견을 듣고 반영해주어야 한다. 하루에 단 5분이라도 아이의 눈을 바라봐주고 아이의 마음을 읽어주며 격려해주는 것이 아이들에게 "공부해라"라고 100번 하는 것보다 훨씬 더 효과적이다.

내가 알고 지내는 다섯 살 성찬이는 자유로운 영혼이다. 성찬이 엄마도 아이를 어떤 틀에 매어두려고 하지 않고, 아이가 마음껏 뛰어놀고 하고 싶은 것을 하게 한다. 너무 위험한 물건만 치우고 나머지는 마음껏 가지고 놀게 한다.

그리고 아이가 신나게 놀고 나면 마지막에 정리하게 했다. 위험한 것이 아니면 "하지 마라", "그만해"라는 말은 잘 하지 않았다. '하고 싶으면 실컷 해라'라는 자세로 두었고, 실컷 하고 나면 아이는 더 하려고도 안 한다. 아이는 스스로 부딪쳐보면서 배운다. 다쳐도 보면서 스스로 깨우치게 된다.

다른 아이들이 학습지를 하고 영어 유치원을 다녀도 별로 신경 쓰지 않았다. 성찬이 엄마는 아이에게 지나치게 공부를 시키는 것보다는 아이의 재능과 적성에 맞는 길을 찾아주는 것이 부모로서 해야 할 일이 아닌가 생각한다고 했다. 아이가 좋아하는 것, 잘하는 것을 하게 하는 것이 부모로서의 바람이라고 한다.

아이와 마음껏 놀아주고 여행이나 현장 학습을 많이 다녔다. 공부보다는 일상의 삶을 통해 직접 체험하게 했다. 성찬이네는 아이만 셋인데 위로 중학생, 고등학생 누나가 있다. 성찬이네 가족은 모든 의견을 가족회의에서 결정한다.

주말이면 온 가족이 맛있는 음식을 먹으며 즐겁게 지낸다. 가족끼리 게임을 해서 진 사람이 설거지하기, 청소하기 등 가정일도 분담해서 한다. 성찬이네 집 아이들은 학교에서 있었던 일이나 자기들의 진로나 고민을 서슴없이 부모에게 이야기한다. 잘못한 것, 서운한 것도 서로 대화로 푼다. 잘못이 있으면 서로 사과하고 용서하는 시간을 갖는다.

현대인들은 너무 바쁘게 산다. 가족이 한자리에 모여 식사를 같이할 시간도 없다. 가족끼리 서로 얼굴을 볼 시간도 적다. 남편은 남편대로, 아내는 아내대로, 아이는 아이대로 서로 자신의 할 일을 하다 보면 옆의 사람 상처를 들여다볼 마음의 여유가 없다.

아이가 마음이 아프거나 외로워도 누구에게 도움을 요청할 수 없다. 아픈 마음을 얼싸안고 살다가 지치고 지쳐서 어느 날 뻥 하고 터지는 순간 "갑자기 이게 무슨 일이야!" 하지만, '갑자기'가 아니다. 오랫동안 지녀온 상처가 곪아 터진 것이다. 부모가 몰랐을 뿐이다.

아이와 부모 사이의 대화 단절은 신뢰 관계에도 영향을 준다. '나는 부모이고 너는 자식이니까, 너는 내 말을 들어야 한다'라고 생각하면, 아이와 제대로 된 대화를 할 수가 없다. 인격적으로 동등한 위치에서 아이의 눈높이에서 바라보고 대화해야 한다. 아이들의 생각이 비록 옳지 못하더라도 아이와 싸우려고 하지 말고 부모이기에, 아이보다 더 내려가 아이를 바라보며 대화해야 한다. 아이가 부모를 바라보고 말하는 것이 아니라, 부모가 아이를 바라보며 말해야 비로소, 아이와 대화를 할 수 있게 된다. 부모는 아이와의 대화의 문을 항상 열어둬야 한다.

부모가 되기 위해서는 부단히 노력하고 공부하지 않으면 안 된다는 것을 절실히 느낀다. 아이가 자라는 만큼 부모도 자라고 성숙해져야 한다. 자식 때문에 부모는 강해져야 하고, 자식 때문에 아파도 슬퍼도 웃어야 한다.

아이의 눈높이에서 아이를 바라보면, 아이를 이해할 수 있게 될 것이다. 나를 버리면 아이들의 마음이 보일 것이다. 내가 성숙해야 아이도 성숙해질 수 있다. 진심으로 아이의 눈높이에서 아이를 바라보라. 그러면 아이의 마음을 알 수 있을 것이다. 진심은 통하는 법이다. 진실의 눈으로 아이를 바라보자. 가장 낮은 마음으로 아이의 눈높이에서 아이를 바라보라.

아이와 함께 놀아주어라

　아이에게 놀이는 굉장히 중요하다. 아이와 많이 놀아주다 보면 아이를 이해하는 폭이 넓어진다. 아이가 동물을 좋아하면 동물과 같이 놀아주고, 아이가 식물을 좋아하면 식물을 보며 아이와 놀아주자. 어떤 아이는 장난감을 가지고 노는 것을 좋아한다. 어떤 아이는 책을 보고 노는 것을 좋아한다. 아이가 좋아하는 것을 함께하며 시간을 보내보자.

　아이는 놀이를 통해 성장한다. 아이의 성장 발달에 맞는 놀이를 하는 것이 가장 중요하다. 아이들은 부모가 함께 놀아주는 것이 자신을 사랑하는 것이라 생각한다. 아이들은 놀이를 통해 성장한다. 아이는 놀이를 통해 지능발달을 한다. 놀이를 통해 집중력과 사고력을 키울 수 있다. 아이와 논다는 것은 아이와 정서적으로 교감을 하는 것이다. 놀이를 통해 아이의 사회성이 형성된다. 아이에게는 노는 것이 학습이고 교육이다. 또한, 놀이를 통해 아이의 재능과 끼를 발견할 수 있다.

요즘은 아이들의 장난감이 굉장히 다양해졌다. 교구도 많다. 어린 시기에 이러한 장난감과 교구를 통해 아이와 놀이를 많이 하는 것이 좋다. 여러 가지 자극을 통해 뇌 발달을 시켜주어야 한다. 아이들이 손으로 만지면서 손을 자극하면 뇌 발달에 좋다고 한다.

아이들은 자기 나름의 세계에서 상상의 날개를 펼치며 자유롭게 놀면서 성장한다. 우리 어른들에게는 사소하게 생각되는 것이라 할지라도 아이들은 땀을 뻘뻘 흘리면서 놀이에 집중하게 된다. 아이들은 최선을 다해서 논다. 마음에 드는 장난감이 있으면 아이들은 밥 먹는 것도 잊고 놀 정도다.

아이와 논다는 것은 아이와 친구가 되어주는 것이다. 아이는 엄마와의 놀이를 통해 안정감을 느끼게 된다. 아이가 놀이를 통해 행복하다고 느끼게 하는 것이 중요하다. 엄마는 아이에게 놀이를 통해 정서적 교감을 하면서, 사랑하고 있다는 것을 알 수 있도록 해야 한다.

또한, 놀이의 주체자는 아이다. 아이가 놀이를 주관할 수 있도록 아이에게 주도권을 주어야 한다. 아이가 놀이를 통해 자기주도적이고, 창의적인 능력을 키울 수 있도록 하는 것이 중요하다. 엄마는 아이의 모습을 지켜보면서 놀이 중에서 나타나는 감정을 잘 알아주고 공감해주어야 한다. 놀이하는 과정에서 놀이를 엄마가 주도하지 않도록 유의해야 한다.

엄마가 놀이의 감독자가 아니라, 아이의 눈높이에서 아이와 동등한 위치로 내려와 놀아주어야 한다. 아이의 놀이에 약간의 보조만 되어주어야 한다. 아이가 놀이에 대한 재미를 발견하고, 창의적인 놀이를 할 수 있도록 유도하는 것이 부모의 역할이다. 자칫 놀이를 엄마가 주관하고 비평하면, 아이는 자유롭게 표현할 수 없다.

아이와 놀이를 한다는 것은 쉬운 것이 아니다. 엄마는 해야 할 일이 많은데, 아이가 엄마와 계속 놀자고 할 때 엄마는 아이와 노는 것이 즐겁지 않을 수 있다. 그러면 아이는 금방 알아차린다. 엄마가 건성으로 하게 되면, 아이 역시 금세 재미없어 한다.

그러므로 아이와 같은 마음으로 아이와 하나가 되어 놀아주어야 한다. 단 30분을 놀더라도 아이에게 공감해주어야 한다. 자랄수록 아이들은 또래끼리 노는 것을 좋아하게 된다. 아이와 또래가 있으면 같이 놀게 하는 것도 좋다. 아이들이 크면 밖에 나가 놀이터에서 친구들과 함께 어울려 그네도 타고, 미끄럼틀도 타고 놀면서 사회성을 배우게 된다.

놀이터에서 놀다 보면 1시간이 금방 지나간다. 놀이터에서 신나게 놀면 아이들은 배가 고파서 집에 와서 밥도 잘 먹고, 잠도 잘 자게 된다. 집에서만 있다 보면 심심해하고, TV나 스마트폰을 보게 되는데, 밖에 나가서 놀다 보면 그럴 시간이 없다. 또한, 잠깐이라도 밖에서 놀게 하는 것이 아이들의 정서 발달에 좋다.

휴일이면 모든 가족이 함께 현장 학습을 하는 것도 좋다. 다양한 경험을 하면서 아이에게 배움의 기회를 주어야 한다. 박물관을 견학하거나 연극을 보거나 도서관에서 책을 읽거나, 아이와 운동하거나 캠핑을 하거나 주말농장에서 식물을 가꾸거나 함께 강변에서 자전거를 타보는 것은 어떨까.

'오늘은 아이와 어떻게 놀아줄까?' 하고 고민을 하게 되지만, 공작, 그림 그리기, 블록놀이, 풍선놀이, 물놀이, 비눗방울놀이, 자동차놀이, 공룡놀이, 인형놀이, 숨바꼭질, 전화놀이, 역할놀이 등 찾아보면 아이와 같이 놀거리가 많이 있다. 여러 가지 활동과 놀이를 통해 아이가 창의적으로 자랄 수 있도록 해야 한다. 아이는 여러 가지 놀이를 통해 잠재력을 키우게 된다.

또한, 놀이를 할 때는 아이의 나이에 맞는 놀이를 찾아서 해야 한다. '어떻게 하면 블록을 넘어지지 않게 쌓을까?' 생각하게 되는 것처럼 아이들은 놀이를 통해 머리를 많이 쓴다. 아이들의 머리는 많이 쓰면 쓸수록 발달된다. 그래서 잘 노는 아이들이 머리가 좋다고 한다. 머리를 많이 쓰고, 손을 많이 움직이는 아이일수록 뇌세포가 활발하게 발달된다. 아이를 많이 놀게 해주자.

내가 어릴 때는 학교에 갔다 오면, 동네 아이들이 함께 모여 해지는 줄도 모르고 놀았다. 어둑해지면 각자 집에서 엄마가 찾아와서 데리고 갔다. 그때의 아이들은 노는 것이 할 일이었다. 지금 와서 생각해보면, 그때 공부도 안 하고 놀기만 하던 친구가 제일 성공했다. 하지만 지금은 아이들이 마음껏 밖에 나가 놀 수 없는 세상이 되었다. 마땅히 놀 곳이 없는 요즘 세상의 아이들이 굉장히 안타깝다.

어릴 때부터 어떤 일에 몰두해 집중하는 능력을 익히면 커서 놀라운 창의력을 발휘하게 된다. 아이가 놀이에 몰두할 수 있도록 양육자가 도와주어야 한다. 아이들은 사물을 바라보는 관찰력이 뛰어나다.

우리 아이가 어릴 때, 조립 장난감을 사준 적이 있다. 아이는 혼자 하다가 어려웠던지 아빠에게 해달라고 부탁했지만, 바쁜 아빠는 해주지 못해 그대로 방치하게 되었다. 그런데 어느 날, 아이가 혼자 그 장난감을 꺼내 조립을 하고 있었다. 조그만 아이가 1시간 동안 땀을 흘리며 씨름을 하다 기필코 조립을 해내고야 만 것이다. 좋아하는 장난감을 어떻게 해서든 만들어내고자 하는 아이의 의지를 보며 감탄한 적이 있다.

아이들에게는 주변 모든 것이 장난감이 된다. 때로는 덮고 있던 이불도 장난감으로 돌변한다. 나무토막도, 냄비도, 숟가락도, 아이에게는 장난감이 될 수 있다. 아이에게는 생활이 놀이고, 놀이가 생활이다. 아이들은 늘 새로운 것을 추구한다. 하나를 가르쳐주면 그 이상의 것을 해내기도 한다. 아이는 놀이의 천재다. 새로운 것을 보면 아이들의 머리는 아이디어로 반짝인다.

아이의 재능은 놀이로부터 출발한다. 그리고 아이의 가장 좋은 놀이 친구는 아이의 부모님이다. 그러므로 아이와 함께 많이 놀아주자.

5장

아이의 자존감을 높여주어라

아이의 자존감을 높여주어라

　교육의 궁극적인 목표는 아이를 자주적이고, 독립적인 아이로 키워 성인이 되어서 스스로 자립해 한 사회의 구성원으로 살아가게 하는 것이다. 그리고 자존감이 높은 아이로 키우고 싶은 것은 부모라면 당연할 것이다. 요즘 자존감에 대한 인식이 많이 높아졌다.

　자존감은 자신을 존중하고 사랑하는 마음이다. 스스로 자기 자신이 가치 있고, 소중한 존재임을 아는 것이다. 자존감이 낮은 사람은 대인 관계가 원만하지 않고 열등감이 높아서 사회생활에 적응을 못 하는 경우가 많다고 한다.

　요즘은 캥거루족이니 해서 마흔 살이 넘도록 독립을 못 하고 부모의 도움을 받고 사는 자녀들이 많다고 한다. 내 아이가 잘 자라서 직장에 잘 다니고, 여자 친구도 사귀어 결혼하고 아이도 낳고 행복하게 잘 살면, 부모로서 더 바랄 것이 없다. 그런데 내 아이가 자존감이 낮아 무엇을 해야 할지도 모르고, 의욕도 없이 멍하게 있으면, 부모로서 그 심정은 말로 다 할 수 없이 슬플 것이다.

친척 중에 한 아이는 공부를 잘해 어릴 때부터 부모가 온갖 좋은 것을 다 해주었다. 돈이 많아서가 아니라 그저 잘되기를 바라는 마음에서 최선을 다한 것이다. 아이는 최고의 학벌을 자랑할 정도로 공부를 많이 했다. 그러나 부모의 기대와는 정반대의 길을 걸었다. 마흔이 넘었음에도 아직도 취직을 못해 집에서 부모에게 신세를 지고 있다. 머리도 좋고 똑똑한 아이였으나, 모든 것을 부모가 다 해주다시피 해서 자립심이 없이 자란 것이다. 공부는 많이 했으나, 자존감도 자신감도 약해 사회생활을 잘 하지 못한다.

부모의 노후도 불안한데 마흔이 넘은 자식까지 책임을 져야 한다면 얼마나 답답할까? 내 아이기 독립적인 이른으로 성장하지 못하고, 자신의 앞날을 스스로 헤쳐나가지 못하게 된다면, 그 책임은 부모에게 돌아온다.

아이에게는 각자의 재능과 기질이 있다. 우리는 그러한 아이의 성격과 재능에 맞는 일을 찾아주어야 한다. 아이의 머리가 좋더라도 아이의 적성에 맞지 않은 전공과 공부를 시키게 되면 아이는 자존감이 낮아진다. 또한, 부모가 시키는 대로 하다 보니 독립심과 자립심이 부족해진다. 그렇게 되면, 조그만 어려움도 극복하지 못하고 쉽게 좌절한다. 우리 어른들이 이런 심약한 아이로 만든 것이다.

그럼 어떻게 해야 자존감이 높은 아이로 키울 수 있을까? 사소한 것이라도 해낼 때 칭찬해주고 격려해줌으로써 아이가 성취감을 느낄 수 있도록 해주어야 한다. 돌 전후의 아이들은 자아가 생기는 시기이므로 뭐든지 자기 스스로 하려고 한다. 엄마 마음은 급한데도, "내가 할 거야!" 하면서 아이는 혼자 신발을 신는다고 시간을 지체하고, 제대로 신지도 못한다.

그래도 엄마는 기다려주어야 한다. 기다리다가 조심히 "엄마가 조금만 도와줄까?" 하고 물어보고, 도와주는 역할 정도만 해야 한다. 만약 혼자 신발을 잘 신었다면 "혼자서 신발 너무 잘 신었네. 어떻게 이렇게 잘 신었지?" 하고 칭찬과 격려를 해준다. 아이 스스로 할 수 있도록 해야 한다. 아이가 작은 것부터 스스로 성취해갈 수 있도록 도와주는 역할만 해야 한다.

또한, 부모가 자존감이 높아야 아이도 자존감이 높아진다. 아이의 자존감은 가정에서 이루어진다. 아이는 자라면서 엄마의 행동과 습관, 말투 등을 그대로 보고 배우게 된다. 엄마의 말 한마디에 아이의 인생이 바뀔 수 있다. 엄마의 자존감이 곧, 아이의 자존감이다. 자존감이 높은 부모의 아이는 자연히 자존감이 높다. 그러므로 아이를 위해서도 부모의 자존감이 먼저 높아져야 한다.

요즘 엄마들은 아이의 자존감을 높이려고 안간힘을 쓴다. 하지만 자존감은 높이고 싶다고 높여지는 것이 아니다. 아이의 자존감을 높이고 싶다면 먼저, 엄마가 스스로 자존감을 높여야 한다.

나는 정말 괜찮은 사람이다. 나는 소중한 사람이다. 나는 살아야 할 충분한 이유가 있는 사람이다. 나는 쓸모 있는 사람이다. 나는 내가 살아 있다는 것이 너무 기쁘다. 나는 우리 엄마 딸로 태어나서 기쁘다. 나는 내가 좋다. 나는 나를 사랑한다. 나의 존재 자체가 존귀하다. 나는 나여서 좋다. 나는 할 수 있다. 나는 잘될 거다. 나는 극복할 수 있다. 나는 모든 면에서 점점 더 좋아지고 있다. 나는 능력이 있다. 충분히 잘할 수 있다. 나는 나를 믿는다. 나는 나를 사랑한다.

자존감은 장점도, 단점도 가진 나, 있는 그대로의 나를 인정하고, 있는 그대로의 나를 사랑하는 것이다. 자존심은 자존감과 비슷하지만 조금 다르다. 자존심은 남과 비교하는 것이다. 자존심이 강한 사람은 우월감이나 열등감이 강하다. 자존심이 높은 사람은 비교의식이 강한 만큼 피해 의식도 강하다. 남을 배려하지 못하고, 자기만 사랑하는 이기적인 사람이 될 가능성이 크다.

반면, 자존감이 높은 아이는 남을 배려하는 마음이 크다. 자존감이 높은 아이는 긍정적이다. 스스로 자기의 할 일을 한다. 자율적이고 적극적으로 활동한다. 놀이도 열심히 잘한다. 또한, 학습에 대한 의욕이 높다. 새로운 일에 대한 도전을 시도한다. 자신이 한 일에 대한 책임감이 강하다. 실패에 대해 두려워하지 않는다. 남의 눈치를 잘 보지 않고, 남의 말에 쉽게 상처받지 않는다. 자존감이 높은 아이는 자신이 성취한 일에 자부심이 강하고, 훗날 성공할 가능성이 크다. 그리고 웃음이 많고 화를 잘 내지 않는다.

내가 알고 지내던 청년은 어린 시절 불우한 환경에서 자랐다. 부모님이 이혼 후, 어머니는 시장에서 과일 장사를 하면서 아이를 양육했다. 아이는 늘 혼자서 밥을 먹고 학교에 다녔다. 혼자서 외롭게 지냈지만, 그래도 어머니가 자신을 사랑한다는 것을 늘 생각하고 있었다고 한다. 그의 어머니는 시장에서도 소문난 긍정의 아이콘이라고 한다. 자존감이 무척 높은 분이시다. 청년은 어머니를 닮아 자신의 어려운 처지를 비관하지 않고 항상 긍정적이었다.

청년은 어머니가 자신을 위해 고생한다는 것을 알고, 고등학교를 졸업 후, 바로 어머니를 도와 과일 장사를 시작했다. 오직 목표를 향해 10년을 열심히 일했다. 청년은 새로운 일에 도전하는 것을 두려워하지 않았다. 잠도 몇 시간 못 자고, 친구도 만나지 않고, 오직 어머니를 편하게 모시고 싶다는 마음으로 수많은 어려움을 극복했다. 지금은 자신의 이름으로 된 건물도 있고, 가게도 일곱 개나 되는 큰 부자가 되었다. 청년은 자신이 이렇게 성공할 수 있었던 것은 오직, 어머니 덕분이라고 말했다.

아이의 자존감은 엄마에게 달렸다고 해도 과언이 아니다. 엄마의 양육 태도가 아이의 자존감을 높이는 데 가장 중요하다. 아이들에게 스스로 성취할 수 있도록 기회를 주고, 엄마가 버팀목이 되어주어야 한다. 엄마의 긍정적인 말의 습관이 중요하다. 부모의 말에 아이는 상처를 받을 수도 있다. 반대로 부모의 말에 아이의 자존감이 높아질 수 있다.

아이의 마음을 읽어주고 공감해주면서 아이와 대화하다 보면 아이는 자존감이 높아질 것이다. 우리의 가정이 아이의 쉼터이고, 자존감을 회복하며 충전하는 충전소가 되어야 한다.

나는 오직 아이의
행복에 목숨을 건다

　부모라면 누구나 내 아이가 행복하길 바란다. 진정으로 우리 아이가 행복해지기 위해서는 부모가 무엇을 해야 할까? 부모는 아이를 잘 먹이고, 잘 입히고, 잘 가르칠 의무가 있다. 최소한의 기본적인 생활을 위해 부모는 많은 수고를 한다. 기본적인 욕구가 채워지고 가정에서 부모의 사랑을 받으면 아이들은 행복감을 느끼게 된다.

　부모는 아이들이 진정으로 원하는 일을 하고, 그 일을 통해 아이가 행복을 느끼고 그것으로 물질적인 보상을 받으며 지낸다면 그것으로 만족한다. 그리고 그런 방향으로 아이들이 나아갈 수 있도록 이끌어주는 것이 부모의 역할이다.

아이는 키우기 나름이다. 아이는 엄마의 양육 방법에 따라 달라진다. 천재는 타고난다고 하지만, 타고난 천재도 어떻게 양육하느냐에 따라 천재도 될 수 있고, 둔재도 될 수 있다.

내가 알던 지인분의 올케 아들은 영재였다. 아이는 세 살 때부터 영어도 할 줄 알았고, 산수도 잘했다. 우리는 그 아이를 박사라 불렀다. 아이는 못 하는 것이 없을 정도로 다재다능했다. 이후 부모는 지나친 기대와 욕심으로 아이에게 과도한 공부를 시키게 되었다. 아이는 초등학교까지 부모에 기대에 부응하며 공부를 잘했다. 그러나 아이의 창의성이 무시된 채, 부모의 욕심이 너무 커서인지, 아이는 중학교에 가면서부터 공부에 흥미를 잃게 되었다.

아이는 자꾸 나쁜 아이들과 어울리고, 공부를 멀리하게 되었다. 부모와의 갈등은 더욱 심해졌고, 아이는 방황하기 시작했다. 결국, 아이는 잘못된 길로 가게 되었다. 너무나 안타까운 일이다. 아무리 똑똑한 아이라도 양육자의 양육 태도에 따라 달라질 수 있다. 이처럼 아이에게 부모의 영향은 크다 .

부모도 감정을 가진 사람이기에 아이의 여러 가지 문제 행동을 보면 때로는 감정 조절이 안 되고 화도 나며, 회피하고 싶을 때가 있을 것이다. 아이만 위로가 필요한 것이 아니다. 엄마도,

아빠도 때로는 위로가 필요하다. 그럴 때 부모는 자신을 돌아 봐야 한다. 부모 스스로 위로하고, 스스로 사랑해야 한다. 부모의 자존감을 스스로 높여야 한다. 그래야 우리 아이들을 돌볼 수가 있다.

부모가 행복해야 아이도 행복할 수 있다. 아이의 행복을 생각한다면 먼저 엄마가 행복해야 한다. 아이들이 행복한 부모 밑에서 자라고 부모의 사랑을 충분히 받게 되면, 그 무엇도 두려워하지 않고 스스로 자신의 앞길을 헤쳐나가게 될 것이다.

OECD 국가 중 우리나라 어린이의 행복지수가 가장 낮다는 불행한 통계가 있다. 1인당 국민총소득(GNI)은 높아지고 경제 수준은 높아졌는데, 아이들의 학교에 대한 만족도는 떨어지고, 아이들은 행복하지가 않다고 한다. 우리 아이들이 가정에서도 학교에서도 행복하지 못하면, 사회에서도 당연히 행복할 수가 없다. 가정이 건강해야 학교도, 사회도 건강할 수 있다.

우리나라 부모들은 다른 나라에 비해서 유달리 자녀에 대한 기대감이 크다. 자녀 교육에 대한 열의가 세계에서 1위라 해도 과언이 아닐 것이다. 경제 수준도 높고, 교육 수준도 높으며, 생활 수준도 높고, 모든 것이 다 좋아졌는데 행복지수는 최하위인 나라. 왜 우리 아이들이 행복하지 않은가 생각해보지 않을 수 없다. 무엇이 아이들을 행복하지 않게 하는 것일까?

우리나라 청소년 중에 자살하고 싶은 충동을 한 번 이상 경험한 친구들이 많다고 한다. 이미 자살은 사회적인 문제다. 학교 교육이 전인적인 교육이 아니라 성적 위주의 교육이다 보니 우리는 자꾸만 누군가와 비교하고 경쟁한다. 시간과 돈을 쓰면서도 계속 불행해지는 이유다. 악순환이 거듭된다.

모든 불행의 시작은 남과 나를 비교하는 데서부터 시작된다고 한다. 자신을 남과 비교하면 행복은 멀어진다. 인생에서는 승자도, 패자도 없다. 실패한 인생이란 없다. 인간은 누구나 행복하게 살아야 할 권리가 있다. 모든 사람은 소중한 가치를 가진 존재로 태어났다.

우리 모두 새로운 시각을 가지고 행복에 접근해야 하지 않을까 생각해본다. 조금만 시각을 바꾸어서 바라보면, 자신이 가진 것에 감사하게 되고 행복을 느끼게 될 것이다. 행복의 기준은 사람마다 다르다. 좋은 대학에 가면 행복할까? 좋은 대학에 가서 돈을 많이 벌면 행복할 것 같지만, 주변을 잘 둘러보면 꼭 그렇지 않다는 것을 쉽게 알 수 있다. 사회적으로 성공한 사람이 다 행복한 것은 아니라는 것을 알게 된다.

성공해서 행복한 것이 아니다. 행복한 사람이 성공한다. 덴마크 사람들은 행복지수가 높다고 한다. 그러면 덴마크 부모의 육아법은 우리와 어떻게 다를까? 덴마크 부모들은 아이들이 놀고 싶은 대로 마음껏 놀게 한다. 덴마크 학교에서는 놀이를 통해 학습을 한다고 한다. 반면, 우리나라 부모는 아이가 마냥 놀기만 하면 불안해한다. 무엇인가 아이에게 가르쳐야 할 것 같다.

하지만 아이들은 놀이를 통해 성장한다. 부모의 최종 목표는 우리 아이가 행복하게 사는 것이 되어야 한다. 좋은 대학에 보내는 것이 목표가 되면, 아이는 행복할 수가 없다. 부모는 내 아이가 좋은 대학에 가서 행복해지기를 바란다. 좋은 대학을 가면 좋은 직장에 취직할 수 있고, 행복해질 수 있다고 믿는다. 하지만 지금까지는 그랬다고 하더라도 이제는 시대가 변했다.

우리 아이들이 살아갈 미래는 지금보다 더 급변하는 사회다. 좋은 대학도, 좋은 직장도 우리 아이의 행복을 보장해주지 않는다. 이제는 개념이 바뀌어야 한다. 부모의 시선과 교육 철학이 바뀌어야 내 아이가 산다. 지금 변하지 않으면 안 된다.

지금은 디지털 시대다. 자신의 경험, 지식, 지혜, 이야기로 돈을 벌 수 있는 시대다. 학교 공부가 전부인 시대가 아니다. 앞으로 우리 아이들 세상은 자기 자신이 주인이 되는 세상이다. 자신의 가치를 브랜딩해서 돈을 벌 수 있는 시대다. 학교에서만 지식을 배우는 시대가 아니다. 이제는 창의적인 아이디어 하나만 있으면 얼마든지 성공할 수 있는 세상이다.

부모는 아이의 행복을 위해서라면 무엇이라도 할 수 있다. 그런데 부모로서 아이들에게 물질적으로 풍족하게 해주려고 힘쓰다 보면, 아이들을 정서적으로 따뜻하게 안아주지 못하고, 아이의 마음을 알아주지 못할 때가 많다. 우리는 아이와 사랑의 대화에 소홀하지는 않았는지 한번 돌아봐야 한다.

나는 살아가면서 고난이나 어떤 위기를 만나게 되면, 제일 먼저 엄마가 떠오른다. '우리 엄마도 그때 우리를 키울 때 이랬겠구나. 정말 힘들었는데도 한마디 내색을 안 했구나'! 그렇게 어렸을 때 엄마에게 받은 사랑을 생각하면 다시 일어날 힘이 생긴다. 엄마로부터 한 번도 사랑한다고 말은 못 들어봤어도, 그 행동으로 보이는 사랑과 헌신을 기억하면 마음이 따뜻하다.

행복은 멀리 있는 것이 아니다. 행복은 아주 가까이에 있다. 너무 멀리서 찾으러 하면 잘 보이지 않는다. 아이들이 밥 잘 먹고 학교에 잘 다니고 건강하면, 그것으로 감사하다. 고달픈 몸을 쉴 수 있는 보금자리가 있어 감사하다. 이렇게 감사로 한 올 한 올 하루를 연결하다 보면 어느새 행복이 완성된다.

아이에게 꿈이라는 씨앗을 심어주어라

　사람은 누구나 '꿈'을 꾼다. 작은 꿈이든, 큰 꿈이든 꿈을 꾸게 된다. 그 꿈을 실현하거나, 아니면 영원히 실현하지 못하는 꿈이라 할지라도 사람은 누구나 자기가 바라고 원하는 꿈이 있다.

　일찍 자신이 원하는 꿈을 이루고 사는 사람이 있고, 꿈을 이루기 위해 부단히 노력하며 계속 도전하는 사람도 있다. 어떤 사람은 죽기 직전에 그 꿈을 이루기도 한다. 그리고 또 어떤 사람은 자신의 꿈을 찾지 못하고, 이것저것을 하며 '꿈' 찾기를 시도하는 사람도 있다.

　꿈이 있으면 좋지만 그렇다고 반드시 꿈이 있어야만 하는 것은 아니다. 꿈이 없이 그냥 열심히 하다 보면 그런 나의 생활이 꿈이 될 수도 있고, 취미로 하던 일이 꿈이 될 수도 있다. 꿈은 정해진 것이 아니라 변해가는 것이다. 나는 어릴 때 꿈이 있었다. 그런데 내가 원하는 대로 되지 않았다. 꿈을 꾸지만 이루지 못하는 꿈도 많다. 그러면 다른 방향으로 돌려 새로운 꿈을 향해서 나아가면 되는 것이다. 꿈은 얼마든지 다시 꿀 수 있다.

자라는 과정에서 확고한 꿈을 가진 아이들도 있지만, 그렇지 못하고 계속 꿈을 찾아가는 아이들도 있다. 인생과 진로에 대해 심각한 고민을 하는 아이도 있지만, 그냥 물 흘러가듯이 사는 아이들도 있다. 부모는 그저 묵묵히 아이를 지켜봐주고 지지해주면 된다.

그러나 어린아이들에게 꿈의 씨앗을 심어주는 것은 중요하다. 씨앗은 언젠가는 온도가 맞으면 발아한다. 언제 싹이 나올지는 아무도 모른다. 아이가 꿈의 싹을 틔울 수 있도록 부모가 도와야 한다.

몇 년 전 주말농장을 했다. 단호박 죽을 끓여 먹고 호박씨를 모아두었다가 주말농장에 가서 호박씨와 음식 찌꺼기를 땅에 거름으로 묻어두었다. 봄이 되자 땅에 묻어두었던 호박씨에서 싹이 났다. 새싹이 너무 예쁘기도 하고 귀엽기도 해서 구덩이를 파고 호박 싹을 옮겨 심어놓았다. 가을이 되자 호박이 주렁 주렁 열렸다.

조그만 씨앗에서 어떻게 이렇게 큰 호박이 열렸는지 신기하기만 했다. 우리 마음의 '꿈'이라는 씨앗도 마찬가지다. '노력'이라는 물을 주고, '희망'의 햇볕을 받으면 꿈은 자라난다. 아이의 마음에 조그만 꿈의 씨앗이 자라 아이 인생을 바꾸어놓을 수 있다.

지금부터 30년도 더 전의 일이다. 친구와 함께 미용학원에서 미용을 배운 적이 있었다. 그때 고등학교에 다니던 김은경이라는 학생이 미용을 배우러 왔다. 지금은 미용을 전문으로 배우는 고등학교도 있지만, 그 당시에는 그런 학교가 없었다. 은경이는 미용사가 되는 것이 꿈이라고 하면서 열심히 미용 공부를 했고, 결국 미용사 자격증을 따 바로 미용실에 취직했다.

은경이는 대학을 가지 않았다. 일찌감치 자신의 꿈을 찾아 미용사로 성공하고 싶다는 야무진 각오로 열정적으로 미용을 배웠다. 세월이 한참 지난 후, 같은 학원에 다니던 사람에게 들은 소식으로, 은경이는 부산에서 미용실을 크게 하고, 건물도 사는 등 미용으로 성공했다는 말을 들었다.

그런데 이처럼 일찌감치 자신의 재능을 발견하고 꿈을 찾아가는 사람이 있는가 하면, 그렇지 못한 아이들도 많다. 꿈을 찾는 것은 그리 쉬운 일이 아니다. 꿈은 마트에서 물건을 고르듯 고를 수 있는 것이 아니다. 자신이 무엇을 잘하는지, 자신의 재능이 무엇인지 자신을 안다는 것만큼 어려운 것이 없다.

남들이 나를 아는 것보다 내가 나 자신을 아는 것이 더 어려울 수 있다. 어떤 사람은 '꿈 찾기 순례'를 하기도 한다. 자기의 적성을 찾지 못하고 꿈을 찾아 삼만 리를 돌고 돌아서 예순이 넘어서 엉뚱한 곳에서 드디어 자신의 꿈을 찾은 사람도 있다.

내가 서울에 살 때 자주 가던 이삭 토스트 가게 아저씨는 학교 다닐 때 우등생이었다고 한다. 명문고에서 1~2등 하는 수재였다. 고대 법대를 나와 고시 공부를 했지만, 행정고시에 계속 떨어졌고, 결국 10년을 하다 포기한 후, 토스트 가게를 차렸다고 한다. 아내가 생계를 책임지고 있었는데 두 명의 아이들도 점점 크고, 더는 아내에게 미안해서 자신의 꿈을 접기로 결단하고 토스트 가게를 하기로 한 것이다.

아저씨의 토스트 가게 개업 첫날, 내가 첫 손님이었다. 아저씨는 처음 하는 일이라 상낭히 서툴렀다. 누가 봐도 초보임을 알 수 있었다. 처음에는 아무것도 못 했다고 한다. 토스트 굽는 연습을 3개월간 한 것이 이 정도라고 했다. 처음에는 달걀 깨는 것도 잘 못했다고 한다. 그러나 시간이 거듭할수록 숙달되어 어느새, 손님이 점점 많아졌다. 이후, 아저씨는 더 큰 곳으로 가게를 이전하게 되었다.

꿈은 이루기 위해 노력해도 잘되지 않을 때가 많다. 그리고 때로는 돌아가거나 쉬어가거나 다른 길로 가야 할지도 모르는 것이 인생이다. 그렇다고 실망할 필요는 없다. 다시 시작하면 된다. 꿈은 새로 시작하기에 꿈이다. 다시 꿈을 꾸면 된다.

아이들의 재능을 발견해 그 재능을 키워주고 지지해주며 꿈으로 이루어지게 하는 것은 굉장히 어렵다. 아이가 좋아하고 만족해야 하기 때문이다. 아이들이 자신을 파악할 기회를 찾기란 쉽지 않다.

진학, 취업 등 아이들 앞에 산재해 있는 문제들을 처리하다 보면 꿈은 뒷전으로 밀려나기 마련이다. 아이들은 부모의 기대에 떠밀려 정신없이 공부하다가 대학을 나오고 취업을 해야 할 때가 된다. 그럼, 그제야 제정신이 들어온다. 그때 비로소 '내가 무얼 하면 살까?'를 진지하게 고민하게 된다. 그러다가 그제야 자기가 원치도 않는 길에 들어와 있음을 알게 되는 경우도 있다.

모든 일이 그렇듯이 자신을 알아가고, 자신의 꿈을 찾는 것은 말처럼 쉽지 않다. 부단한 노력과 시간, 열정을 쏟아야 한다. 내가 좋아하는 것, 내가 잘하는 것, 잘할 수 있다고 믿는 것이 무엇인지 파악하는 것도 어렵고, 또한 자신이 생각했던 것과 실제로 그 일을 하면서 부딪치는 것과는 엄청난 차이가 있다. 막연히 꿈을 동경하면 현실과의 괴리가 심하다.

그래서 자신이 좋아해서 막상 그 일을 했다 하더라도 그 일이 마냥 행복하고 즐거울 수만은 없다. 그에 따른 책임이 있기 때문이다. 꿈이라고 해서 마냥 가슴 뛰고 항상 힘이 넘치며 열정이 솟아나지는 않는다. 때로는 힘이 들고, 이 길이 맞는지 회의감도 든다. 그러다 어느 지점에 이르면 비로소 '이것이구나!' 할 때가 있을 것이다. 그렇게 그 일이 자신의 삶이 된다.

꿈을 이루기 위해서는 땀을 흘리며 노력해야 한다. 그런데 어떤 꿈은 나 혼자 잘하면 되지만, 어떤 것은 나만 잘해서는 안 되는 경우가 있다. 내가 원하고 바라는 꿈이라도 남의 도움이 없이는 불가능할 때도 있다. 이 세상에 독불장군은 없다. 어느 유명한 강사 역시 "나는 죽을 만큼 노력해서 이 자리에 왔다. 하지만 여러분의 도움이 없었다면 불가능했다"라고 말했다.

누구도 혼자 성공하는 사람은 없다. 사람은 사회적 동물이기 때문이다. 나를 지지해주는 사람이 있어야 한다. 아이들에게는 부모의 지지가 있어야 한다. 아이들의 재능이 아무리 뛰어나도 부모의 지지와 뒷받침이 없으면 그 꿈을 이루기가 힘들다. 꿈이 없다고 아이들을 나무라지 말고 지켜보면서 믿어주자. 아이들은 자기 나름대로 꿈을 찾고 있을 수도 있다.

우리 아이들은 그 존재 자체가 꿈이다. 아이의 있는 그대로를 받아들이자. 이 땅에 태어난 이유는 각자가 살아가면서 발견할 것이다. 부모는 아이에게 꿈의 씨앗을 심어주는 역할을 하자. 아이들이 잘 자라도록 지켜봐주면 된다. 빨리 자라라고 물을 너무 주어도 안 된다. 영양을 너무 많이 주어도 식물은 살 수 없다. 적당한 때에 물을 주면 된다. 사랑이 필요해 보일 때, 영양제를 주면 된다.

부모는 아이를 지켜봐주고 도와주며 믿어주고 사랑을 듬뿍 주어 양육하면 된다. 식물은 주인의 발걸음 소리를 듣고 자란다. 아이들은 부모의 사랑의 소리를 듣고 성장한다. 매일 아침 눈을 뜨면 아이에게 사랑의 말을 건네라.

아이에게 꿈은 굉장히 중요하다. 미래가 걸려 있기 때문이다. 모든 위대한 인물은 꿈을 가진 사람들이다. 가슴 뛰게 하는 꿈이 있고 그 꿈을 좇을 용기만 있다면, 그 꿈은 반드시 이루어질 것이다.

꿈은 희망이다. 우리는 나이에 상관없이 꿈을 꾸어야 한다. 꿈을 붙잡고 있는 한 좌절이나 절망이 나를 넘어뜨리지 못한다. 꿈과 희망이 행복을 불러온다. 아이에게 꿈이라는 씨앗을 심어주면, 행복의 열매를 거둘 것이다.

아이에게 희망의
씨앗을 심어주어라

위대한 희망이 가라앉는 것은 해가 지는 그것과 같다. 그것은 인생에 빛이 사라진 것이나 다름이 없다. 매일 희망이라는 태양이 떠오르게 하자.

― 롱 펠로(Henry Wadsworth Longfellow)

희망은 사람만이 품을 수 있는 것이다. 사람은 희망을 품는 순간, 앞으로 나아갈 수 있다. 아무리 절망의 터널에서 한 걸음도 더 나아갈 수 없을 때라도 희망이라는 불빛이 보이면 좌절하지 않고 앞으로 나아갈 수 있다. 희망은 사람을 살리는 빛이다. 세상에 희망이 없으면 빛이 없는 세상을 사는 것과 같을 것이다.

우리나라는 35년간 일제의 식민지로 살았다. 우리나라 사람이면서 우리나라의 말과 글, 심지어 성과 이름까지 빼앗기고 자유를 박탈당하며 억압 및 구속과 온갖 수모를 당하면서 살았다. 독립투사들은 오직 나라의 주권을 찾겠다는 희망 하나로 온갖 모욕과 수치를 견디며 목숨도 아깝게 생각하지 않고 대한 독립 만세를 외쳤다. 감옥에서 모진 고문을 당하고 매를 맞아도 대한민국의 독립을 위한 희망 앞에서는 그 어떤 것도 문제가 되지 않았다.

희망이 있었기에 독립이 있었다. 그렇게 희망은 불가능을 가능케 하는 힘이 있다. 이 세상은 희망이 있기에 살 만한 것이다. 원양어선을 타고 외국에 나가 있는 어부는 다시 가족의 품으로 돌아갈 수 있다는 희망이 있기에 힘든 외국 생활을 견딜 수가 있다. 사람은 오늘보다 내일이 더 나아지리라는 희망이 있기에 그래도 오늘을 살아가는 것이다.

지금은 조금 힘들어도 노력하면 나아지리라는 기대와 희망이 있기에 또 힘을 내어 새롭게 시작하는 것이다. 언제나 우리는 희망의 해를 따라 움직인다. 때로는 우리 인생에 비가 내리고 바람이 불어도 내일은 햇빛이 비지리라는 희망으로 살아간다.

언젠가는 찬란하게 쨍하고 해 뜰 날을 기다리며 희망의 끈을 놓지 않는다면 반드시 그날이 올 것이다. 희망은 다시 일어서게 하는 힘이 있다. 다시 뛰게 하는 원동력이다. 희망은 또한 우리 아이들에게 꿈의 날개를 달아준다.

아이들은 때로 너무 힘들고 지쳐서 스트레스를 받아 좌절하고 낙심할 때도 있을 것이다. 그래도 한 줄기 희망만 있으면 절망의 늪에서 빠져나올 수가 있다. 아무리 지하 깊은 곳에 떨어져도 희망의 빛을 보면 올라오게 된다.

절망의 밑바닥에서 가장 먼저 생각나는 것은 부모님이 자신에게 말했던 희망의 메시지일 것이다.
"난 너를 믿는다", "넌 잘할 수 있을 거야", "넌 할 수 있어!", "누가 뭐라고 해도 난 네 편이야!", "우리 딸이 최고야. 우리 딸만 있으면 돼", "넌 무엇이든 극복할 수 있을 거야" 이렇게 말하던 엄마, 아빠의 희망의 목소리만 붙잡으면, 아이는 다시 올라올 힘을 얻을 것이다.

그러한 희망의 작은 불씨를 우리 아이들의 가슴에 심어주는 것이 부모의 역할이 아닐까 생각한다. 아이들은 부모를 보고 자란다. 부모가 아이의 희망이다. 아이들이 희망을 찾을 수 있는 곳은 그리 많지 않다. 부모님, 선생님, 책 속의 인물, 아이의 주변 사람 정도일 것이다. 그중 아이들이 가장 많이 영향을 받는 사람은 부모님이다.

아이들이 어떤 문제나 고통을 해결하지 못하고 좌절할 때 부모의 태도는 굉장히 중요하다. 부모는 아이의 문제에 초점을 맞추지 말고, 아이 자체에 초점을 두고 한 줄기의 희망을 주어야 한다. 죽을 만큼 힘이 들면 희망의 지푸라기라도 잡고 싶은 것이 사람이다. 아이에게 희망을 줄 사람은 오직 부모님이다.

나도 절망의 늪에서 10년이라는 긴 시간을 보냈다. 날마다 질병의 고통과 싸우기도 하고, 불면증으로 잠을 못 자는 날을 보냈다. 절망과 좌절을 겪으면서도 나는 한 가닥 희망의 끈을 놓지 않았다. '반드시 이기리라', '잘되리라', '언젠가 웃을 날이 올 거야' 하며 희망의 노래를 불렀다.

그렇게 10년이 지나자 어둠이 걷히듯 긴 터널에서 벗어날 수 있었다. 나는 지금 새로운 일에 도전한다. 내 인생의 모든 것을 사랑하며, 희망의 눈으로 세상을 보면 다 감사한 것뿐이다. 희망은 감사로 통한다.

나는 우리나라의 아이들이 어떤 일도 해낼 수 있다는 희망과 꿈을 가지고 살았으면 하는 바람이다. 희망이 없으면 아이들은 갈 곳이 없다. 부모님이 지친 아이들에게 희망을 줄 수 있다.

아이들 안에는 잠재 능력이 있다. 이 잠자고 있는 능력을 깨워야 한다. 아이들의 능력을 제한하지 말아야 한다. 아이들 속의 조그만 희망을 볼 수 있어야 한다. 물론 부모님들 안에도 엄청난 능력이 들어 있다는 것을 알아야 한다.

사람은 어떤 위기의 순간, 자신도 모르는 엄청난 능력이 나타난다고 한다. 그래서 '위기가 기회'라고도 한다. 희망은 어떤 위기에서도 우리를 이끌어주는 힘이 있다.

나는 30대에 부산에서 식당 운영을 했다. 위치도 좋고, 음식도 맛있어서인지 장사가 잘되었다. 그 당시 하루 매출이 100만 원 정도 되었다. 처음에 아무것도 가진 것 없이 시작했기에 빌린 돈의 이자와 가게 월세가 나갔지만, 그 비용을 빼고도 이윤이 많이 남았다. 이대로 몇 년만 고생하면 금방 집을 살 것 같았다. 그런데 얼마 되지 않아 우리 가게 장사가 잘되니까 바로 옆에 롯데리아가 들어왔다. 그러자 우리 가게 손님이 그리로 몰려갔다. 가게 매출이 급격히 떨어졌다.

그 후, 얼마 지나지 않아 IMF가 터졌다. 거리에 사람 구경하기가 힘들어졌고 매출은 바닥을 쳤다. 꽤 오랜 시간 침체를 겪다 보니 더는 버틸 힘이 없었다. 가게 월세에 이자를 감당할 수 없었다. 하는 수 없이 가게를 정리하게 되었다.

그때 굉장히 힘든 시간을 보냈다. 어렵게 남의 돈을 빌려서 시작했던 가게였기에 어떻게 할 수가 없었다. 빚은 빚대로 졌는데 아이는 아직 어렸고 나는 갈 데가 없었다. 친정집에 돈을 빌려서 식당을 시작한 것이었는데, 망했으니 미안하고 면목이 없어서 친정에도 갈 수가 없었다. 변두리에 월 50만 원 월세방을 구해 아이와 함께 살았다.

모처럼 희망을 품고 시작한 사업이 망했던 것이라 남편의 절망이 컸던 것 같다. 남편은 바람 좀 쐬고 온다고 하고선 한동안 돌아오지 않았다. 자기 나름으로 해결해보려고 애쓰는 것 같았다. 어린아이를 데리고 혼자 어떻게 살아야 할지 몰랐다. 너무 막막하고 할 수 있는 것이 아무것도 없었다.

그때 참 많이 울었다. '이 많은 빚을 어느 세월에 다 갚을까?' 생각하면 앞이 캄캄했다. 세상은 혹독했다. 이자에 이자는 계속 불어났으나 나에게 수입은 없었다. 나를 믿고 돈을 빌려준 사람들의 얼굴이 떠올랐다. 너무 죄송한 마음뿐이었다. 여기저기서 빌린 돈의 이자를 감당하지 못해 신용불량자로 전락하고 말았다.

그때는 죽고 싶은 마음이었다. 그래도 아이를 생각하면 어떻게 해서라도 살아야 했다. 그런데 나가서 일하려고 해도 어린아이를 맡길 곳이 없었다. 하는 수 없이 언니가 하는 횟집에 가서 일을 도우면서 아이를 키웠다.

 이 시련이 언제 끝이 날지 전혀 앞이 보이지 않았다. 그래도 마음속에 한 가닥 희망의 끈을 굳게 잡고 오직 위만 바라봤다. 희망이 아니었으면 이길 수 없었을 것이다. 희망이 있으면 어떻게든 살아갈 힘이 생긴다. 희망은 신이 인간에게 준 가장 큰 선물이다.

 아이들이 자신의 가치를 알고, 자신의 미래를 설계하며, 꿈을 디자인하고 희망을 노래할 수 있었으면 하는 바람이다. 희망이 있다면 어떤 어려움도 아이들 마음의 꿈의 씨앗을 뺏을 수 없을 것이다. 희망의 불씨가 내 아이가 최고의 삶을 살도록 이끌어줄 것이라 생각한다. 아이를 위한 가장 큰 선물은 희망이라는 씨앗을 심어주는 것이다.

아이에게 믿음을
심어주어라

우리는 태어난 것만으로도 충분히 훌륭한 가치를 지니고 있다. 그런데 그러한 가치를 잘 모르고 보이는 것만으로 사람을 평가하기도 하고, 반대로 자신의 가치가 다른 사람에 의해 정해지는 경우가 많다. 누구도 사람의 가치를 값으로 매길 수 없다. 이 땅에 의미 없는 인생은 없다. 사람은 모두 존귀한 가치를 지녔다.

또한, 나의 가치는 내가 정한다. 다른 사람이 정하는 것이 아니다. 누구나 자신이 감당해야 할 책임이 있다. 우리가 이 지구별에 온 목적이 있다. 우리가 이 땅에 태어난 목적은 행복하게 살면서 세상에 선한 영향력을 발휘하기 위해서다. 사람은 믿음 안에서 바라는 것을 얻을 수 있도록 만들어졌다. 사람이 무엇을 믿고 행하든지 그것은 자유다. 그러나 그에 대한 책임은 다른 누구도 아닌 자신에게 있다.

아이는 아이대로, 부모는 부모로서 각자의 자리에서 해야 하는 일이 있다. 아이들은 잘 먹고, 잘 자며, 잘 놀고, 잘 자라면 된다. 학교를 잘 다니고, 공부를 잘하면 좋지만, 잘 못해도 학교에 잘 다니면 그것도 감사하다.

아이들은 사춘기가 되면서 자기의 정체성에 대해 궁금해한다. 가치관에 혼돈이 오기 시작하면서 방황하게 된다. 그럴 때 아이들은 자신의 존재 의미에 대해 깊이 생각하게 된다.

아이들은 늘 미래가 불안하다. 자신의 불확실한 장래를 생각하면 답답하기만 하다. 하지만 부모에 대한 믿음이 있으면 아이들은 그래도 덜 불안해한다. 부모에 대한 믿음이 있으면, 아이들은 큰 힘을 얻는다. 특히 엄마에 대한 믿음이 있는 아이들은 엄마를 실망시키지 않기 위해 노력한다.

그러나 그렇다고 영원히 부모가 나를 지켜줄 수는 없다. 학교도 나의 장래를 보장해주지 않는다. 아무도 나의 존재에 대해 가르쳐주지 않는다. 아이는 이때 궁극적인 질문에 대한 답을 찾고 싶어 한다. 또한, '나는 무엇을 하며 살까?' 나의 앞날에 대한 고민을 많이 하게 된다.

나도 청소년기에 나의 존재에 대해 깊이 생각했다. 나의 정체성에 대한 해답을 찾기 위해 무척 애를 썼던 기억이 난다. '나는 왜 태어났는가? 나는 무엇을 하면서 살아야 할까?' 궁극적인 문제에 대한 해답을 구하려고 노력했다.

나는 고등학교를 부산에서 다녔다. 그때 자취를 하며 학교에 다녔는데 우리 집 옆에 교회가 있었다. 새벽 4시가 되면 교회 종소리가 울렸다. 어느 날 새벽에 잠이 깼는데 그 종소리가 마치 나를 부르는 것처럼 들렸다. 그때 처음으로 교회라는 곳에 나가게 되었다.

그때 처음으로 기도하기를 "하나님, 대학에 들어가고 나면 그때부터 교회 다닐게요"라고 했다. 광장히 이기적이고 어처구니없는 기도였다. 그러나 나는 대학에 떨어졌고, 떨어지면 안 간다는 교회에 가지 않았다. 그런데 안 간다고 결심하면 할수록 무언가가 나를 더 가까이 교회로 이끌었다. 그때부터 나는 신앙생활을 히게 되었다.

교회에 다니면서도 여러 가지 어려운 일이 많았다. 교회에 가면 만사형통할 줄 알았다. 그러나 정반대로 교회에 가면서부터 더 큰 어려움이 왔다. 그래도 하나님이 나와 함께한다는 것을 생각하면 모든 것을 이길 힘이 생겼다. 우리 집안에는 당시 한 사람도 교회를 다니는 사람이 없었다. 우리 집안에서 큰언니와 내가 처음으로 교회를 다니게 되었다.

집에서는 조상이 노해서 일 잘 안 풀린다고 하면서 교회에 다니는 것을 반대했다. 그래도 나는 굴하지 않고 교회에 다니며 열심히 신앙생활을 했다. 어려운 순간순간마다 하나님을 의지하며 어려움을 극복할 수 있었다. 아이에게도 믿음을 심어주고자 부단히 노력했다. 매일 아침 눈을 뜨면 아이를 위한 믿음의 기도를 했다.

어려서부터 자신의 존재 가치에 대해 알게 해주는 믿음이 있으면, 아이들에게는 큰 힘이 될 것이다. 종교를 떠나서 생명의 존엄성을 알게 해주는 믿음이 있으면, 불안한 시대를 살아가는 아이들에게 큰 위로가 될 것이다. 기독교, 불교와 같은 어떤 특정 종교를 믿으라는 것이 아니다. 종교 생활하는 것과 나의 존재 의미를 아는 것에는 차이가 있다. 이 세상에서 나만 홀로 남겨진 것 같을 때, 신이 나를 지켜준다고 생각하면, 불안하지 않고 마음에 평안을 얻게 될 것이다.

우리 아이에게 믿음의 씨앗을 심어주기 위해서는 부모가 아이의 존재를 인정해주고, 사랑을 느끼게 해주는 것이 중요하다. 잘못의 기준을 정해 엄하게 훈육하고, 아이가 잘했으면 칭찬과 격려를 해야 한다. 부모에 대한 믿음을 심어주어야 한다. 아이들이 부모를 믿고 의지하고 신뢰할 수 있게 모범을 보이는 것이 중요하다. 아이가 실수하더라도 화를 내거나, 야단을 치기보다 아이의 마음을 이해하려는 노력이 필요하다.

내 아이가 학교에서 공부 잘했으면 좋겠고, 모든 면에서 뛰어났으면 하고 바라는 것이 부모의 마음이다. 내 아이가 학창시절을 후회 없이 잘 보내고 앞으로 잘되기만을 바란다. 그러나 부모로서 아이를 뒷바라지하다 보면 아이가 열심히 공부를 하지 않거나 말을 잘 듣지 않으면 화가 나고 속이 상한다.

그러다 보면 말이 곱게 안 나가고 아이에게 화를 내거나, 잔소리하게 된다. 그래도 힘들어도 잘 이겨낼 거라고 믿고 아이를 응원해주자. 화내거나, 잔소리를 하는 것은 아무런 도움이 되지 않는다. 화를 냈으면 아이에게 반드시 미안하다고 용서를 구해야 한다. 엄마가 화를 내면 그 화가 아이에게 가기 때문에 아이의 마음을 풀어주어야 한다. 아이에게 잘못했다고 말하는 것은 사실 쉬운 일이 아니다. 그래도 아이가 잘못되는 것보다 낫다. 아이들은 미안하다고 하면 금방 풀어진다. "됐어" 해도 말투가 금세 부드러워진다.

가정, 학교, 사회에서 '이것도 하지 마라. 저것도 하지 마라' 하면서 아이들을 자유롭지 못하게 하는 것들이 너무 많다. 아이들에게는 명령이나, 비판보다 따뜻한 사랑이 필요한 것 같다.

사춘기를 심하게 겪는 아이들은 자기 스스로도 자기를 어떻게 해야 할지를 몰라 방황하게 된다. 자기를 알아가면서, 찾아가고 있다고 생각하며, 믿고 기다려주어야 한다. 아이들이 이러한 방황의 시간이 지나면 자기 일을 하면서 열심히 살아갈 거라고 믿어주자. 아이들은 어디로 튈지 모르는 럭비공 같아서 어떻게 해야 할지 사실 잘 모를 때도 있지만, 힘들어도 이겨낼 수 있고 잘하리라 믿으며, 긍정적인 생각으로 기다려주고 응원해 주어야 한다.

우리 아이들이 크게 성공해서 부자로 살지 못한다고 할지라도 자기가 하고 싶은 것을 하면서 즐겁게 살 수 있을 거라고 내 아이를 믿어주자. 어떤 상황에서도 부모가 아이를 믿어주고 튼튼한 지렛대 역할을 해주면, 아이들은 자신의 길을 찾아 그 길을 묵묵히 걸어갈 것이다. 아이에게 믿음의 씨앗을 심어주자.

아이에게 긍정적인 생각을 심어주어라

　세상에는 두 종류의 사람이 있다. 한 사람은 긍정적인 생각을 하는 사람이고, 다른 한 사람은 부정적인 생각을 하는 사람이다. 똑같은 상황에서 긍정적인 사람과 부정적인 사람과의 차이는 현저하다. 아이를 양육하는 데는 긍정적인 생각을 가지는 것이 무엇보다 중요하다.

　어릴 때 내 친구 연희는 바로 밑의 남동생과 일곱 살 차이가 났다. 아들이 귀한 집안이라 어렵게 아들을 낳았다. 그 당시는 남아선호사상이 심했다. 농사일에 바쁜 부모님을 대신해 연희가 남동생을 돌보게 되었다. 그런데 부모님이 논에 나간 사이 동생이 배가 고프다고 해서 미숫가루를 먹이다가 미숫가루가 기도를 막아 남동생이 죽을 뻔한 사건이 있었다.

그 사건으로 연희는 자기 엄마에게 심하게 야단을 맞고 집에서 쫓겨날 뻔했다. 연희는 그 일로 마음에 상처를 많이 받았다. 그래서 미숫가루는 생각하기도 싫다고 했다. 그때 엄마가 "그래, 얼마나 놀랐니? 아무 일 없으니 괜찮아. 내가 너무 늦게 와서 미안하구나. 다음부터 미숫가루는 물과 같이 먹여야 하는 거야" 하고 말했더라면, 연희는 엄마에 대한 좋은 자아상이 성립되었을 것이다. 그리고 긍정적인 생각을 하는 어른으로 성장했을 것이다.

그러나 연희는 엄마가 무섭다고 했다. 그래서인지 연희는 일찍 결혼을 했다. 엄마로부터 빨리 벗어나고 싶다는 생각에서 결혼을 선택한 것이다. 엄마의 부정적인 양육은 아이에게 많은 상처를 남긴다. 아이는 자라서도 부정적인 생각을 하는 사람으로 성장하게 된다.

입은 생각의 통로다. 긍정의 힘을 가진 생각은 말이 되어 입으로 나오게 되어 있다. 아이들이 처음 말을 배울 때 몇백 번 그 말을 의식적으로 반복해 들음으로써 그것이 입으로 나와 행동하는 것이다. 긍정의 말도 마찬가지다. 부모의 긍정적인 말을 매일 듣고, 긍정적인 행동과 습관을 매일 보고 자란 아이는 긍정적인 말을 자연스럽게 하게 된다. 어느 날 갑자기 아이가 변해서 긍정적인 말을 하는 것이 아니다.

긍정적인 말과 행동이 습관이 되어 삶에 나타나게 되면, 이는 잠재의식에 저장되어 있다가 어느 순간 힘을 발휘한다. 사회적으로 성공하는 사람 중에는 긍정적인 사고를 하는 사람이 많다. 그런데 부정적인 사고가 3배 이상으로 빨리 뇌에 인식된다고 한다. 그래서 긍정적인 생각을 하는 사람보다 부정적인 생각을 하는 사람이 더 많다. 예를 들면, 아이들은 욕을 가르쳐주지 않아도 어디서 배웠는지 금방 배운다. 나쁜 말을 더 빨리 배우는 것은 부정적 사고의 영향이라고 한다.

무엇을 하기도 전에 "싫어"라고 말하는 아이들이 있다. 성찬이는 입맛이 까다롭다. 자신의 입에 맞는 음식은 잘 먹는데, 자기가 싫어하는 음식은 먹어보려고 하지도 않는다. "성찬아, 한 번만 먹어보고 맛이 없으면 먹지 말아"라고 말해도 "먹기 싫어" 하고 먹으려고 하지 않았다.

성찬이는 채소를 싫어했다. 나는 성찬이가 좋아하는 고기에 채소를 잘게 썰어서 함께 다져 예쁜 하트 모양으로 만들어 구워주었다. 성찬이는 채소가 들어간 줄 모르고 맛있게 먹었다. "성찬아, 당근이랑 채소가 들어가도 고기하고 먹으니 맛있지?" 하고 물으니 "응, 맛있어! 이게 당근이야? 몰랐어!"라고 말하며, 그다음부터는 채소도 먹었다.

무조건 "싫어", "안 해" 하는 아이도 조금씩 방법을 다르게 접근하면, 아이들은 금방 적응하게 된다. 부정적인 생각과 말을 긍정적인 말과 생각으로 바꿀 수 있다면, 아이들의 미래는 긍정적인 결과를 얻게 될 것이다.

성찬이는 12개월 때 어린이 전동자동차를 선물 받았다. 하지만 성찬이는 신중하고, 조심성이 많은 아이였다. 성찬이 엄마가 "성찬아, 자동차 태워줄까?" 하고 태워주려고 하면, 아이는 자동차 소리가 무서워 도망갔다. 자동차는 좋아하는데 자동차 타는 것을 무서워했다.

성찬이 엄마는 성찬이가 겁이 많다고 했다. 그런데 엄마가 아이에게 "겁이 많은 아이다. 겁쟁이다"라고 말하면, 아이는 자신을 겁쟁이로 알게 된다. 그러므로 부정적인 말은 안 하는 것이 아이를 위해서 좋다. 부정적인 말은 아이에게 부정적인 이미지를 심어주기 때문이다.

성찬이는 신중한 아이라 미끄럼틀, 그네, 시소 등 놀이터에 있는 모든 놀이기구를 무서워했다. 전동자동차 같은 장난감도 무서워했다. 그래서 나는 성찬이에게 다른 아이들이 그네와 미끄럼틀을 타는 것을 구경만 하라고 했다. 한참을 구경하던 아이의 손을 잡고 그네도, 미끄럼틀도 안전하다는 것을 알려주면서 몸으로 부딪치면서 배우게 했다.

　놀이터에서 놀고 있는데, 어떤 아이와 아이 아빠가 전동자동차를 타고 있는 것을 봤다. 그래서 성찬이와 자동차를 타고 있는 아이에게 가서 자동차 타는 것을 한참이나 관찰했다. 그 후, 아이 아빠에게 양해를 구한 후, 성찬이를 한번 태워달라고 부탁했다. "성찬이도 자동차 한번 타볼까? 어때? 성찬이도 친구처럼 탈 수 있을 것 같지? 성찬이가 타고 싶으면 타고, 마음에 내키지 않으면 안 타도 돼. 다음에 타도 돼" 했더니 성찬이가 타려고 했다. 한번 타 보니 아이가 자신이 생겼는지, 그 후부터는 자동차를 무서워하지 않고 좋아하게 되었다.

　아이들은 아직 한 번도 안 해본 일에 대한 두려움이 있다. 항상 아이에게 할 수 있다는 긍정적인 마음을 갖게 해주어야 한다. 부정적인 생각이 들어올 때, 그 생각을 몰아내고 긍정적인 생각을 집어넣어야 한다. 부정적인 생각을 긍정적인 생각으로 바꾸어주는 연습을 하다 보면 조금씩 변화하기 시작한다. 지금처럼 스트레스가 많고 불쾌지수가 높은 코로나 시대에 긍정적인 심리를 가지고 살아가기란 쉬운 일이 아닐 것이다. 하지만 긍정적인 삶을 사는 사람과 부정적인 삶을 사는 사람의 삶의 결과는 하늘과 땅 차이다.

부정의 영향력은 긍정의 영향력보다 3배나 더 크다고 한다. 주위에 부정적인 사람이 많으면 많을수록 부정적인 영향을 많이 받는다. 부정적인 바이러스는 급속하게 전염된다. 긍정적인 사람이 되어 10배, 20배로 더 강력한 면역 바이러스를 가지고 있어야 부정적인 바이러스에 감염이 안 된다. 긍정적인 말과 습관이 몸에 배 있어야 한다. 늘 긍정적으로 생각하고 행동하며 말하는 연습을 해야 한다.

그렇게 하다 보면 긍정적인 자세가 습관이 되어 어디에서 누구를 만나거나 어떤 상황에서도 긍정적인 말과 행동이 나올 것이다. 긍정적인 사람은 늘 감사가 넘친다. 긍정적인 생각을 하면 늘 행복하다. 긍정적으로 살면 스트레스가 적다. 긍정적으로 살면 늘 즐겁다. 긍정적으로 살면 늘 건강하다. 긍정적으로 살면 어려움이 와도 좌절하지 않는다. 긍정적으로 살면 좋은 점이 너무 많다.

부모는 아이에게 늘 긍정적인 말을 해야 한다. 긍정적으로 아이를 키우기 위해서는 아이를 존중하고, 타인을 배려하려는 마음이 있어야 한다. 부모님 자신이 긍정적인 사람이 되어야 아이도 긍정적인 아이가 된다. 부모가 스트레스를 많이 받고 있는지, 부정적인 감정이나 우울한 감정을 가졌는지 점검해봐야 한다.

부정적인 감정이 있으면 부정적인 기류가 가정에 흐르기 때문에 본인만의 방법으로 스트레스를 해소해야 한다. 나는 매일 자전거를 탄다. 자전거를 타기 전에는 걷기 운동을 했다. 아침에 운동을 못 하는 날은 저녁에 산책로를 걸었다. 요즘은 저녁을 일찍 먹고, 아파트 중앙광장을 10바퀴 돈다. 그러면 40분쯤 지난다. 그 후, 샤워하고 나오면 기분이 상쾌해진다.

아이들은 아이대로 스트레스를 많이 받는다. 가정에서도, 학교에서도, 친구들과의 관계에서도 여러 가지로 스트레스를 받는다. 그러면 엄마가 그 중간 역할을 해야 한다. 걷잡을 수 없는 감정을 다 흡수할 수 있는 푹신한 긍정의 쿠션이 되어서 아이를 따뜻하게 안아주고 위로해줄 수 있어야 한다.

마음의 여유를 가지고 나를 이기는 연습을 해야 한다. 아이와 함께 엄마도, 아빠도 성장해야 한다. 아이를 보는 눈을 긍정의 렌즈로 갈아 끼우고, 긍정의 사고를 장착해 내 아이가 긍정적인 엄마, 아빠처럼 열심히 살아야겠다는 마음을 심어주어야 한다. 아이가 긍정적인 생각을 할 수 있도록 부모님이 긍정의 친구가 되어주어야 한다.

아이에게
독립심을 심어주어라

　자식은 언젠가는 자신의 길을 찾아 부모 곁을 떠나 독립해서 나간다. 자신의 앞길을 찾아 홀로서기를 해야만 한다. 사실 아이를 키울 때는 힘이 든다. 아이가 빨리 자랐으면 하는 마음이다. 내가 젊을 때 우리 아이를 업고 다니면, 동네 어르신들이 "새댁 참 좋을 때다"라고 하셨다. 그러면 나는 "너무 힘들어요. 아이 업고 시장 가서 무거운 물건을 들고 오면 어깨도 아프고, 팔도 아프고 힘들어서 얼른 커서 뛰어다녔으면 좋겠어요"라고 했다. 그때는 그 말씀이 무슨 뜻인지 몰랐다. 세월이 지난 지금, 생각해보니 그 말이 맞다는 생각이 든다.

　아이와 지내는 시간이 영원할 것 같은데, 지나고 보니 아이는 금세 커서 어느새 부모 곁을 떠나 버린다. 아이와 함께할 시간이 아주 긴 것 같아도 아이 키우느라 정신없이 지내다 보면 10년이 눈 깜짝할 사이에 지나간다. 그러다 입학이다, 졸업이다, 진학이다, 입시다, 하고 정신없이 지내다 보면 금방 시간이 지나가버린다. 어느새 돌아보면 나이가 마흔, 쉰이 되어 아이들이 부모 곁을 떠나가고 텅 빈 집에 부부만 남게 된다.

아이가 고등학교를 졸업하고 대학에 들어가면 독립하는 경우가 많다. 대학에 들어가서 1~2년을 지내다 보면 아들은 군대에 입대하고, 제대한 뒤 대학을 졸업한다. 그 후, 직장에 들어가고 얼마 있으면 결혼을 하고, 그러다 보면 아이는 점점 부모와 멀어진다. 딸도 대학을 들어가면 학교에서 MT, 동아리 활동, 데이트를 하느라 바빠서 얼굴 보고 이야기할 시간도 없다. 그 후, 대학을 졸업하고 직장에 다니면 바빠서 제대로 얼굴 보기도 힘들다. 그러다 결혼하고 아이 낳고 하다 보면 자기 살기 바쁘다. 아이들과 점점 멀어질 수밖에 없다.

자식들을 다 떠나보내고 나면 허전하고 외로워서 빈둥지 증후군을 겪는 엄마들이 있다. 그동안 아이만 바라보다가 갑자기 아이들이 다 자신의 길을 찾아 떠나고 나니 허전함과 상실감에 갱년기까지 겹치면서 자신의 존재가 아무것도 아닌 것만 같고, 허무하게 생각되어 우울해하는 엄마들이 많다고 한다. 자존감과 자신감이 떨어지고 자신만 뒤처지는 것 같아 스트레스를 받는 것이다.

내가 30대 때 알고 지내던 분 중에 아들을 군에 보낸 후, 매일 울면서 지내는 분이 있었다. 그분은 아들 사진을 지니고 다니면서 수시로 아들 생각에 눈물을 짓곤 했다. 그렇게 아들이 안쓰럽기도 하고, 보고 싶어서 매일 밤 울었다고 한다. 그때는 군 복무 기간이 3년이나 되었다. 3년간 매일 새벽기도를 나왔다. 성경책 앞에 아들 사진을 붙여두고 매일 울면서 기도했던 기억이 난다.

어느 정도 나이가 들고 때가 되면, 자식은 부모의 품을 떠나는 것이 당연하다. 부모는 자식을 떠나보낼 준비를 해야 한다. 분신 같은 자식을 떠날보낼 아무런 준비를 하지 않고 있다가 자식이 독립해 집을 떠나면, 그 상실감에서 벗어나지를 못하는 것은 자녀에게도, 부모에게도 바람직하지 못하다. 그래서 아이가 어려서부터 부모도, 자녀도 스스로 독립하는 연습을 해야 한다.

어려서부터 아이에게 독립심을 심어주어야 한다. 스스로 자기의 일을 할 수 있도록 도와주어야 한다. 부모도 아이가 나의 전부인 것처럼 아이에게 목숨 걸고 아이만 바라보며 살면 안 된다. 아이를 사랑으로 양육하되, 독립된 하나의 인격체로 존중해주며 부모 자신의 자존감을 돌아봐야 한다.

엄마도 자신을 돌아볼 줄 알아야 한다. 아이와 함께 자신의 자기계발을 게을리하면 안 된다. 아이가 자라듯 부모도 자라야 한다. 자신을 소중히 여길 줄 알아야 한다. 지나치게 아이를 위해 모든 것을 부모가 다 해주면 아이는 독립심이 없어 부모를 의지하게 된다. 의존적인 아이는 부모가 하라는 대로 따라만 했기 때문에 어려운 상황이 오면 혼자의 힘으로 이겨내지 못한다. 자신이 스스로 판단하고 결정해야 할 상황이 와도 스스로 판단하고 결단을 내리지 못한다. 어려서부터 혼자 하는 훈련을 받지 못하면 커서도 부모를 의존하게 된다.

그러므로 아주 어렸을 때부터 스스로 생존하는 법을 가르쳐야 한다. 스스로 해서 성취감을 느끼게 하고 자립심을 길러 주어야 한다. 아이들은 돌이 지나면서부터 자립심이 생긴다. 스스로 자기 물건을 챙기고 자기 스스로 하려고 한다.

세 살 해리는 자기 물건은 확실하게 챙긴다. 자립심이 강하다. 어린이집에 갈 때 해리 엄마가 가방에 물통을 넣는 것을 깜빡하자 아이가 싱크대에 있는 물통을 가지려고 의자 위로 올라갔다. 해리는 무엇이든지 하고 싶어 했다. 마늘을 까고 있으면 자기도 마늘을 깐다고 한다. 어떤 날은 양파를 까고 있는데 자기도 한다고 하길래 눈이 매워서 안 된다고 말을 해도 듣지 않았다. 하는 수 없이 그냥 두었다. 그러자 눈물이 나서 한참을 울더니 "양파 매워" 한다. 스스로 체험을 해보고 다시는 양파를 만지지 않았다. 아이는 체험을 통해 배우게 된다.

　아이들이 어려서 서툴다고 엄마가 다 해주게 되면, 아이는 자꾸만 부모를 의지하려 한다. 부모가 너무 과보호하거나 지나치게 간섭하고 잔소리하면 안 된다. 스스로 하게 하는 것이 중요하다. 혼자서 할 수 있는 일이 많아지면 아이는 자신감이 생기고, 힘든 일도 혼자 힘으로 하게 된다. 어려운 일에도 도전하는 경험을 통해 성취하고, 또 그 경험을 통해 독립심이 생긴다. 부모는 아이가 잘할 수 있도록 도와주고, 긍정적인 말로 지지해주어야 한다. 그러면 아이는 부모의 품을 떠나서도 자기 일을 찾아 스스로 홀로서기 할 수 있다.

　역할 분담을 통해 아이가 가족의 일원으로 책임감 있게 일할 수 있도록 해야 한다. 아이가 할 수 있는 일을 찾아서 즐겁게 참여하게 하고, 가족이 서로 협동심을 발휘해야 한다. 잘하는 일은 아낌없이 칭찬과 격려를 해주어 자신감을 가지고 더 잘할 수 있도록 해주어야 한다. 내 아이에게 작은 것부터 할 수 있다는 긍정적인 마음을 갖게 해주어야 한다. 무슨 일을 하든지 자신이 선택하고 결정하는 습관을 길러 주고, 스스로 일을 찾아서 하도록 독립심을 심어주어야 한다.

내가 중학생이 되자 엄마는 내게 "이제 중학생이 되었으니 네 교복, 신발은 내 손으로 빨아라"라고 말씀하셨다. 그래서 나는 중학생이 되면, 당연히 자기 옷은 자기가 빨아 입어야 하는 줄 알았다. 교복을 빨면 다림질도 해야 했다. 다림질하기 싫은 날은 이불 밑에 곱게 펴서 깔고 자면 아침에 일어나면 다림질한 것처럼 주름이 잘 잡혀 있었다. 부모님이 일하면 알아서 밥도 하고 청소도 해두었다. 누가 시켜서 한 것이 아니라 스스로 도와야 할 것 같아서 도왔다. 스스로 일을 하다 보면 책임감과 자립심이 생긴다.

 내가 사는 동네는 신도시로, 젊은 신혼부부들이 많이 살고 있다. 그런데 어떤 설문 조사에 의하면, 대부분의 젊은 부부들이 자신의 힘으로 집을 산 것이 아니라고 한다. 50% 이상 부모님이 집을 장만해주고, 부모님이 주신 결혼비용으로 결혼을 했다고 한다. 요즘에는 아들을 장가 보내려면 기본적으로 집이 마련되어 있어야 며느리가 시집을 온다고 한다. 집이 없으면 장가도 못 간다는 것이다.

 자식을 공부시키고 결혼시킨 후, 자식이 아이를 낳으면 손수도 키워주어야 한다. 죽을 때까지 자식 뒷바라지하다 세월을 다 보낸다. 그래도 아들이 결혼이라도 하면 다행이다. 마흔 살이 넘어도 결혼을 안 해 평생 데리고 살아야 하는 경우도 있다고 한다. 참 슬픈 현실이다. 어떠한 일이 있어도 어려움을 딛고 일어서서 자녀가 스스로 자립할 수 있도록 해야 한다. 스스로 인생을 개척하며 건강한 사회인으로 가정을 이루고 행복하게 잘 살아야 자녀도 부모도 행복하다. 그렇지 못하면 부모도, 자녀도 서로 짐이 되고 힘이 든다.

어릴 때부터 자녀에게 독립심을 심어주어야 한다. 아이가 할 수 있도록 용기와 힘을 주고, 긍정적인 자아상을 심어주어야 한다. 어떠한 장벽에 부딪혔을 때도 절대로 물러서지 않고, 자신의 힘으로 이겨내는 강한 정신의 소유자로 성장할 수 있도록 힘써야 한다. 위대한 인물이나 성공한 사람은 실패를 두려워하지 않았다. 그들은 실패를 교훈 삼아 다시 일어났다. 아이를 믿고 지지해주고 사랑으로 양육해서 자립심을 키워주자.

자녀에게 재산이 아닌, 자립심을 물려주자. 부모 자신이 먼저 자립심을 가져야 아이들도 자립심을 가질 수 있다. 우리는 당당하게 세계의 일꾼으로 성장할 수 있도록 아이를 격려해주고 믿어주어야 한다. 아이들이 자긍심과 독립심을 가지고 성장하도록 응원해주는 것이 우리의 할 일이다.

나는 아이들이 행복했으면 좋겠습니다

제1판 1쇄 2023년 3월 7일

지은이 김영애
펴낸이 최경선 **펴낸곳** 매경출판㈜
기획제작 ㈜두드림미디어
책임편집 최윤경, 배성분 **디자인** 디자인 뜰채 apexmino@hanmail.net
마케팅 김성현, 한동우, 김지현

매경출판㈜
등 록 2003년 4월 24일(No. 2-3759)
주 소 (04557) 서울시 중구 충무로 2(필동 1가) 매일경제 별관 2층 매경출판㈜
홈페이지 www.mkbook.co.kr
전 화 02)333-3577
이메일 dodreamedia@naver.com(원고 투고 및 출판 권권 문의)
인쇄·제본 ㈜M-print 031)8071-0961
ISBN 979-11-6484-518-7 (03180)

책 내용에 관한 궁금증은 표지 앞날개에 있는 저자의 이메일이나
저자의 각종 SNS 연락처로 문의해주시길 바랍니다.

책값은 뒤표지에 있습니다.
파본은 구입하신 서점에서 교환해드립니다.